RETAIL ISN'T DEAD

오프라인은 죽지 않았다

Retail Isn't Dead

RETAIL ISN'T DEAD

마티아스 슈판크 지음
박하람 옮김

오프라인은 죽지 않았다

소매업의 성공을 위한 혁신전략

Matthias Spanke

CONTENTS

서문

2020년대를 시작하며 오프라인 소매 시장은 전 세계가 근본적인 변화를 맞이하고 있다. 코로나19라는 위기가 불러온 결과는 소매업뿐 아니라 다른 모든 경제 분야에 이전에 없던 영향을 미치고 있다. 사회적 거리두기 현상의 각 단계에 따라, 소비자 행태는 온-오프라인 시장에서 모두 완전히 바뀌고 있다. 새로운 소비자의 기대가 소매업의 미래를 좌우한다. 몇 가지만 예로 들어보자. 노인 인구가 온라인 쇼핑에 진입하면서 새로운 소비자 집단으로 등극했으며, 기업의 지속가능성이나 환경 의식과 같은 가치들은 더욱 중요한 특성으로 자리매김하는 중이다.

하지만 코로나19 대유행으로 인한 변화는 소매업이 마주하고 있는 문제 중에서 최근에 더해진 과제에 불과하다. 디지털화되고 세계화된 시장은 소매업에 더욱 큰 변화를 요구한다. 전자상거래의 호황 이래, 오프라인 소매업의 공정과 서비스는 시험대에 올랐다. 수많은 상품을 빠르고 간편하게 브라우징할 수 있다는 점부터 클릭 한 번이면 끝나는 결제 시스템, 총알배송, 편리한 상품 교환까지, 온라인 소매업의 스피드와 편리성은 소비자들을 매료시키기에 충분했다. 전자상거래는 소비자의 쇼핑 방식을 송두리째 바꿔놓았다. 그로 인한 소비자의 기대는 오프라인 소매업에까지 그대로 옮겨졌다. 이런 상황에서 온라인 사업은 단순한 경쟁 대상이나 과제를 넘어, 소매 사업에 영감을 주고 혁신을 촉구하는 존재가 됐다.

온라인상에서 몇 초 안에 제품 리스트를 훑고, 원하는 상품을 찾을 수 있게 된 소비자는 오프라인에서도 편리성을 기대한다. 인터넷에서 클릭 한 번, 혹은 얼굴 인식 잠깐으로 결제를 할 수 있으므로, 오프라인 소매점에서도 같은 수준의 서비스를 바라는 것이다. 기대치가 너무 높다고 생각하는가? 이 질문에 대한 당신의 대답은 사실 중요하지 않다. 기존 고객을 유지하고, 새로운 고객을 유치하고 싶은 소매업자라면 온라인과 동일하거나 그 이상의 이점을 제공할 수 있는 전략을 세워야 한다.

여기서 끝이 아니다. '혁신'이라는 압박에 끝이란 없다. 이제 '변화'는 세계화되고 디지털화된 시장에서 유일하게 믿을 수 있는 상수다. 이 변화는 눈 깜박할 새에 이루어졌으며, 그 속도에도 한계가 없다. 그나마 소매업자들에게 작은 위안거리는 디지털 세계 역시 예외 없이 이 새로운 규칙을 따라야 한다는 사실뿐이다.

그렇다면, 온라인 사업은 오프라인 소매업에 비해 정확히 어떤 점이 더 유리할까? 제품부터 짚고 넘어가보자. 인터넷상에서 '재고 소진'이란 없다. 실제 매장의 재고 보유량에는 제한이 있지만, 온라인 매장은 상품 선택에 제한이 없는 것처럼 보인다. 온라인에서는 넓고 복작복작한 매장을 돌아다니며 마음에 드는 상품을 찾으려는 수고를 하지 않아도, 클릭 몇 번이면 상품 전체를 살펴볼 수 있다.

그렇다고 오프라인 소매업자들에게 희망이 없다는 것은 아니다. 글로벌 소매업자들은 이에 대한 해결책을 제시한다. 성공적인 사례 두 가지를 들어보겠다. 미국의 백화점 체인 메이시스Macy's는 가상현실 기술을 사용해 상품 범위를 무한대로 확장하는 방법의 진수를 보여준다. 그리고 홈디포Home Depot는 매장 내 내비게이션 앱을 효과적으로 활용해 고객이 원하는 상품을 찾을 수 있는 최단 경로를 안내한다.

어떤 물건을 사전에 구매 결정한 경우, 제2 혹은 제3의 의견이 궁금할 때가 있다. 온라인에서는 이런 의견이 고객 리뷰를 통해 곧바로 제공된다. 이를 오프라인에서도 창의적이고 효과적으로 적용하는 사례를 세계 곳곳에서 찾을 수 있다.

대부분의 소비자는 아이템을 구매하기로 결정하면 곧바로 결제하기를 원한다. 온라인 상점에서는 그 과정이 클릭, 지문 인식, 얼굴 인식 등으로 간편하게 이루어진다. 오프라인 소매업이라고 같은 서비스를 제공하지 못할 이유가 없다. 자라ZARA의 결제 키오스크부터 스마트폰 결제를 지원하는 막스앤스펜서Marks&Spencer의 '모바일, 페이, 고Mobile, Pay, Go'

시스템, 그리고 인공지능 카메라 센서를 이용해 고객의 상품을 자동으로 계산하는 아마존고Amazon Go의 '저스트 워크 아웃Just Walk Out' 기술에 이르기까지 다양한 기업이 해결책을 보여준다.

모든 사람은 가끔은 의도적으로, 하지만 보통 무의식적으로 개인 정보와 쇼핑 습관을 함께 넘겨준다. 이 데이터는 인공지능 기술과 알고리즘을 통해 소비자의 필요를 예측할 수 있게 한다. 따라서, 기업들은 소비자가 스스로 알기도 전에 그들이 내일 무엇을 원할지 파악할 수 있다. H&M을 포함한 여러 브랜드를 통해 오프라인 소매점에서의 적용 방법을 찾아볼 수 있다.

그렇다면 스피드와 편리함, 이 두 가지만 갖추면 오프라인 소매업이 소비자에게 확실한 눈도장을 찍을 수 있을까? 절대 아니다!

고객이 실제로 상품을 만지고, 착용해보고, 직접 상품을 보고 비교할 수 있다는 점은 이미 그 자체로 장점이다. 그렇다면 이 장점을 그대로 브랜드 경험으로 전환하면 어떨까? 뉴욕의 나이키Nike는 고객에게 매장 내 농구 코트에서 운동화를 체험하게 하고, 커다란 HD 화면을 통해 맞춤식 운동 강습을 받을 수 있는 경험을 제공한다. 또한, 런던에 있는 영국의 백화점 체인 존루이스John Lewis&Partners는 고객에게 '백화점에서의 하룻밤'이라는 환상을 실현해주면서 판매 중인 침대의 품질을 체험하게 하는 전략을 꾀했다.

소비자에게 상점은 단순히 상품이나 서비스가 판매되는 장소 이상의 의미를 가진다. 소비자는 이미 공동체의 일원이거나, 앞으로 공동체에 포함될 가능성을 지닌다. 캐피탈원 Capital One 은행 지점에서 볼 수 있는 개방형 사무실이나 스포츠웨어 판매점 룰루레몬Lululemon이 제공하는 요가 수업을 통해, 기업이 어떻게 공동체의 일부로 자리 잡게 되는지 엿볼 수 있다. 이런 활동을 통해 기업은 소비자 삶의 일부로 다시 태어난다.

지속가능성에 대한 사고방식에도 변화가 필요하다. 특히 최근 몇 년간, 환경을 파괴하는 국제 개발의 끔찍한 이면에 대한 소비자 의식이 높아졌다. 소비자들은 그 어느 때보다 기업이 생태적, 사회적, 경제적 측면에서 운영 방식을 바꾸고, 장기적인 가치를 창출하기 위한 전략과 약속, 꾸준한 발걸음을 보여주길 기대한다. 매장 디자인 단계부터가 시작이다. 예를 들어, 런던의 이케아IKEA 매장은 재생 가능한 자원만을 사용하여 디자인되었다. 이 매장이 영국에서 가장 지속가능성이 뛰어난 매장으로 공식적으로 인정받기 위해서는 수많은 노력이 필요했다. 구매를 결정할 때 기업의 환경 의식까지 고려하는 소비자의 수가 꾸준히 증가하고 있다.

오프라인 소매업에서 경쟁 우위를 확보하기 위해 취할 수 있는 방법은 무궁무진하다. 이 책에서는 이를 위한 가장 중요하고 혁신적인 전략에 주목한다. 여기에는 새로운 브랜드 경험, 매장 내의 기술 적용 가능성, 지속가능성을 위한 계획, 그리고 온라인 사업의 이점을 오프라인으로 끌어오는 방법이 포함된다. 실용적이고 사용자 중심적인 시각으로 전 세계의 다양한 산업을 30장이 넘는 사진과 50가지 이상의 모범 사례에 실용적인 팁까지 더하여 담았다.

이 책을 통해, 코로나19 위기 이후 훨씬 더 디지털화되고 있는 오프라인 소매 시장에서 새로운 성공 기회를 찾고 반짝이는 영감을 얻길 바란다.

마티아스 슈판크
빅아이디어스 비주얼 머천다이징 최고경영자
빅커리어스리테일 리크루트먼트 최고경영자

1장
브랜드 경험

RETAIL

디지털 시대의 도래로 오프라인 소매업은 더 큰 도전 과제에 직면했다. 디지털화는 다른 산업군은 물론, 특히 소매업 부문에서 고객의 기대가 더욱 변화하고 증가하도록 이끌었다. 역설적이게도, 소매업자들은 이제 그들의 본거지에서 경쟁하게 됐다. 온라인 사업자 중에서 오프라인 소매업의 장점을 알아채고, 실제 매장을 여는 경우가 생겼기 때문이다. 그러나 모두 같은 질문을 한다. 전 세계에서 판매 중인 거의 모든 상품을 몇 초만에 검색하고 비교할 수 있는 상황에서, 오프라인 소매점은 어떤 매력을 보여줄 수 있을까?

이 중요한 질문에 대한 훌륭한 답변을 내놓은 소매업자들이 있다. 고객들이 브랜드를 탐색하고, 마음껏 즐기고, 새로운 경험을 할 수 있는 공간을 만든 것이다. 왜냐고? 고객들은 매장에 방문할 이유를 찾기 때문이다. 그들은 피부에 와닿는 경험을 원한다.

ISN'T
DEAD

사실, 매장 내 고객 경험은 새로 등장한 개념이 아니다. 그 경험이 어때야 하는지에 대한 소비자의 기대가 바뀌었을 뿐이다. 매장에 들어설 때의 환영 인사, 시즌마다 바뀌는 상품 디스플레이, 편리한 결제와 같은 것들은 이제 소비자를 만족시키기에는 턱없이 부족하다.

소매업자로서, 당신은 새로운 도전에 직면했다. 고객 경험에 초점을 맞추는 것이 핵심이다. 소비자들이 당신의 매장에 방문하는 것을 즐기는가? 당신은 그들에게 경쟁사와 온라인 공급자들에 비해 어떤 차별화된 경험을 선사할 수 있는가? 브랜드 경험에 지장을 줄 만한 요소들을 어떻게 막을 수 있는가?

이 장에서는 제품 자체보다는 고객 경험에 집중하는 새로운 소매업 전략을 소개하겠다. 오프라인 소매 브랜드의 성공에 결정적인 역할을 하는 것이 바로 고객 경험이기 때문이다.

1. 놀면서 하는 테스트

오프라인 소매업의 주된 장점은 제공하는 제품이나 서비스를 그 자리에서 바로 시험해볼 수 있다는 것이다. 이를 통해 소비자는 실제로 보고 만지는 것은 물론 듣거나, 냄새를 맡고, 맛도 볼 수 있는 기회를 가진다. 고객이 명확하게 깨닫지 못하는 숨겨진 장점이 있기 마련이다. 러닝화에 적용된 최신 기술을 어떻게 소비자에게 설명할 수 있는가? 제공되는 음향 시스템의 음질은? 최고의 설명은 그것을 실생활에서 테스트하게 하는 것이다. 이는, 그저 사람들이 시도해볼 수 있도록 제품을 내놓는 것에 그치지 않는다. 고객은 재미있고, 뭔가 새로운 경험을 원한다. 그들은 집에서 컴퓨터 앞에 앉아 쇼핑하는 대신, 오프라인 매장을 방문함으로써 얻는 부가 가치를 확인하고 싶어 한다.

'구매 전 체험 기회Try Before You Buy, TBYB'가 성공을 위한 열쇠다. 고객이 테스트한 뒤 매출이 증가할 것으로 예상되는 제품이나 서비스를 체험하도록 내놓는 것이다. 이런 경우 즉시 인지하기는 힘들더라도, 고객에게 부가 가치를 제공하는 장점을 고려하는 것이 핵심이다. 디스플레이 중인 매트리스가 탁월한 편안함과 등을 지지하는 효과가 있는가? 혹은, 야외용 의류에 방풍과 방수 기능이 있는가?

소비자가 어떤 장점을 테스트하도록 할지가 결정되면, 그다음 질문은 그것을 어떻게 구현하느냐다. 테스트를 고객의 경험으로 전환하려면 어떻게 해야 하는가? 방수 재킷을 테스트하기 위해서는 비가 오는 부스를 설치할 수 있을 것이다. 샤워기 아래에서는 방수 기능을 간단명료하게 설명할 수 있다. 가장 좋은 방법은 고객이 제품을 빗속에서 테스트하도록 하는 것이다. 더욱 멋진 경험을 주려면, 열대우림 같은 배경과 폭포 소리 같은 요소를 사용하여 생생한 환경을 만들 수도 있다.

고객들은 제품을 만지고 느껴보는 것은 물론, 기능에 대한 확신을 얻고, 새로운 것을 배우고, 재미를 원한다. 제품 테스트 중에 고객에게 전문 지식을 전달함으로써 부가 가치를 제공해보라. 예를 들어, 매장 내에서 러닝화를 테스트한 고객에게 러닝 세션에 대한 분석을 제공할 수 있다. 발의 자세에 대한 정보와, 그에 따라 최적화된 신발을 찾기 위한 필요조건을 알려 주는 것이다. 왜냐고? 호기심 가득한 소비자는 쇼핑 경험에서 더 많은 것을 원하기 때문이다. 이러한 필요를 충족한다면, 매장은 테스트 및 학습의 장소로 탈바꿈할 수 있다.

고객이 매장에서 즐거운 시간을 보내도록 상호작용을 격려하라. 매장에서의 즐거운 경험을 통해, 일상에서 스트레스 받은 소비자들의 주의를 분산시켜 긍정적인 브랜드 경험을 만들 수 있다. 코스메틱 체인점 세포라Sephora의 바르셀로나 매장에서는 고객이 아래층으로 갈 때 에스컬레이터 외에 미끄럼틀을 이용할 수 있는 옵션을 제공한다. 이곳에서 미끄럼틀은 재미 요소일 뿐만 아니라, 고객들이 소셜 미디어에 사진을 올릴 수 있는 환상적인 기회를 제공하기도 한다.

고객이 직접 제품을 경험할 수 있도록 테스트, 놀이, 학습이 가능한 공간을 창조하라. 여기에서 고객은 즐거움을 얻고, 학습할 수 있어야 한다. 고객이 제품을 구매할 때 발생하는 모든 애로사항을 찾아내 혁신적이고 의미 있는 방법으로 해결하라. 온라인에서는 제공할 수 없는 편리한 경험을 제공하라. 모든 행동이 의도한 브랜드 헌장과 일치하는지 확인하라. 그렇다면, 매장 방문은 성공적인 브랜드 경험으로 이어질 것이다.

CALL TO ACTION

- 내가 제공하려는 재화나 서비스의 눈에 띄지 않는 장점이 있는지 파악하라.

- 창의적이고 혁신적인 테스트 구역을 개발해, 고객이 제품을 테스트하면서 동시에 즐거움을 느끼게 하라.

- 고객이 제품을 시험하는 동안 놀이, 학습, 경험과 같은 요소를 염두에 두라.

- 활동이라는 요소가 당신의 브랜드와 잘 맞는지, 고객에게 긍정적인 브랜드 경험을 제공하는지에 대해 항상 자문하라.

두어 퍼포먼스는 활동적인 라이프스타일을 주도하는 남녀를 위한, 기능성 일상복을 전문으로 하는 캐나다 의류 회사다. 2013년 창립 이래 캐나다 밴쿠버에 본사와 플래그십 스토어를 두고 있으며, 지금은 토론토에도 또다른 매장이 있다. 두어는 캐나다, 미국, 유럽에 걸쳐 150개 도시에 400개 이상의 소매업체를 통해 상품을 유통 중이다. 현재 약 60명의 직원이 있다.

두어 퍼포먼스 DUER PERFORMANCE

어른을 위한
데님 플레이그라운드

》》》

두어 퍼포먼스(이하 두어)는 하루 종일 움직이는 모든 활동을 소화할 수 있는 의류를 제작하기 위해, 활동성을 강조한 고신축성 섬유와 온도 조절 기능을 높인 쿨맥스를 결합함으로써 활동성과 스타일 모두를 잡았다. 바지는 신축성이 높고, 가벼우며, 내구성이 뛰어나다. 활동성을 고려한 다른 기능으로는 수분 흡수, 온도 조절, 항균 기능 등이 있다. 두어는 이 모든 장점을 고객에게 재미있는 방식으로 전달하고, 장점을 가시적으로 만들기 위한 노력을 펼쳐왔다.

두어의 오프라인 매장 두 곳에는 어른을 위한 '퍼포먼스 데님 플레이그라운드'가 마련되어 있다. 쭈그려 앉기, 스트레칭하기, 자전거 타기, 점프하기, 그네 타기와 같은 활동을 하면서 고객은 두어의 옷이 얼마나 편안한지 경험한다. 이 모든 활동을 가능하게 하기 위해, 건물의 기존 목조 구조를 유지하면서 높은 건물 천장을 활용해 나무 위에 집을 지었다. 나무집에는 바닥으로부터 약 2.5미터 위에 매달린 네트가 있는데, 그 위에서 고객들은 걷거나, 기어 다니거나, 휴식을 취할 수 있다. 그네와 정글짐도

마련되어 있다. 고객이 의류를 착용해보는 것은 물론, 재미있게 놀면서 옷의 신축성과 편안함을 직접 경험해볼 수 있도록 하기 위해 고안된 아이디어다.

매장에 있는 동안, 고객들은 두어 바지를 착용한 채로 점프하고, 기어오르고, 몸을 쭉쭉 뻗어보라는 권유를 받는다. 이를 통해 어른들은 두어의 제품 기능을 시험하면서 그들 내면의 동심을 일깨우게 된다. 신규 고객과 기존 고객 모두 퍼포먼스 데님 플레이그라운드에 감탄을 표했다. 결과적으로, 두어는 브랜드 경험과 브랜드 인지도 향상은 물론, 고객 방문 빈도와 매출까지 상승시킬 수 있었다. 플레이그라운드의 도입으로 제품의 장점을 직접 테스트해보는 새로운 종류의 쇼핑 경험을 창조한 것이다. 매장은 즐겁고, 활동적이며, 경험 지향적인 소매점으로 거듭났다.

또 다른 장점은 매장이 본사와 곧바로 연결되어 있다는 것이다. 디자인 팀을 포함한 모든 본사 직원은 매장 옆의 사무실에서 일하며, 정기적으로 퍼포먼스 데님 플레이그라운드를 방문한 고객들로부터 직접 피드백을 받는다.

오프라인은 죽지 않았다

나이키 NIKE

역시 남다른 테스트 존

나이키가 실시한 고객 설문조사에 따르면, 고객들은 놀면서 제품을 테스트하고, 본인의 운동 능력을 최대한으로 끌어올리고, 다른 스포츠 마니아를 만날 수 있는 장소를 원한다. 나이키는 뉴욕 소호에 있는 매장에서 이를 완벽하게 구현했다. 면적이 5100제곱미터에 달하는 5층 건물로, 사람들이 테스트하고, 연습하고, 놀고, 경험하기에 아주 매력적인 장소다. 최상층은 7미터 높이의 천장을 활용한 농구 코트를 갖추고 있다. 테스트 플레이어들이 농구공을 던지며 농구화를 테스트하는 동안, 커다란 HD 스크린을 통해 뉴욕 거리의 유명한 농구 코트에서 경기하는 것 같은 느낌을 받을 수 있다. 고객들은 대형 화면과 센서를 통해 맞춤형 운동을 안내받을 수 있다. 농구 코트 곳곳에 설치된 카메라는 여러 위치에서 플레이어의 동작을 포착하고, 경기 중에 실시간으로 스크린에 띄워준다.

다른 층에는 러닝 테스트 구역이 있다. 여기에서는 러닝머신과 대형 스크린을 통해 실외에서 달리는 것 같은 시뮬레이션을 체험할 수 있다. 고객은 센트럴 파크를 가로지르거나 배터리 파크의 물길을 따라서 달리는 90초 러닝 코스를 선택할 수 있다. 여러 대의 카메라가 러닝머신을 둘러싸고 있어 고객이 달리는 동안 걸음걸이를 녹화한다. 이에 따라 매장 직원들은 러닝 동작을 분석하고, 고객에게 가장 적합한 운동화를 추천해줄 수 있다.

3층에는 나이키 축구화 테스트 구역이 있다. 37제곱미터 정도의 너른 면적에 인조 잔디가 깔려 있고, 그 주변은 유리벽으로 둘러싸여 있다. 고객은 여기에서 축구화를 착용해보고,

공인된 테스트 선수들로부터 전문적인 주제나 제품 기능 등에 대해 조언을 받을 수 있다. 이뿐만 아니라 개인 맞춤 스튜디오, 개인 스타일링 서비스가 제공되는 여성 부티크, 좌석이 마련되어 있는 커뮤니티 미팅 장소까지 찾아볼 수 있다. 매장 전체는 디지털 네트워크에 연결되어 있다. 매장 내에서 사용하는 기술은 고객의 운동 능력에 대한 새로운 지식을 전달할 수 있도록 설계되었다. 고객들은 나이키 온라인 계정을 통해 테스트 구역에서 촬영한 영상에 액세스하고 소셜 미디어에 공유할 수 있다. 나이키 앱의 설계 역시 훌륭하다. 고객이 매장을 재방문했을 때 최적으로 맞춤화된 고객 경험을 제공할 수 있게 테스트 데이터 기록을 활용한다. 예를 들면, 앱에서는 러닝 분석 결과뿐 아니라 고객이 착용했던 신발의 종류도 열람할 수 있다.

나이키는 온라인에서는 따라할 수 없는 고객 제품 경험을 제공한다. 여기에는 디지털 스크린을 이용해 센트럴 파크를 달리거나 뉴욕 최고의 농구장에서 농구 경기를 하는 가상의 경험이나, 벽면이 막혀 있는 축구장에서의 테스트 경기와 같은 것이 포함된다. 또한 고객이 앞으로 운동 능력을 향상시키기 위해 참고할 수 있는 전문 지식이 충분히 제공된다. 고객이 마라톤을 준비 중인지, 여가 시간에 농구를 하는지, 아니면 그냥 운동화를 좋아하는지는 중요하지 않다. 이 매장은 방문할 만한 가치가 충분하기 때문이다. 나이키는 소호에서 성공을 거둔 이 프로젝트의 핵심 요소를 이미 전 세계 다른 지역에서도 구현하고 있다.

나이키 주식회사는 미국 오리건 주의 포틀랜드 지역에 본사를 둔 다국적 기업이다. 1964년 창립된 스포츠 브랜드로, 지금은 전 세계에 약 1200개의 매장을 보유하고 있으며, 3만 개 이상의 파트너 소매업체가 나이키 제품을 판매한다. 나이키는 신발, 의류, 운동 장비, 액세서리 등의 제품을 생산하며, 전 세계에 7만 명이 넘는 직원이 디자인, 개발, 제조, 유통 등의 분야에서 일하고 있다. 판매 핵심 타깃은 15~40세 사이의 소비자로 잡고 있다.

오프라인은 죽지 않았다

캐나다구스 CANADA GOOSE

홍콩에서 맞는 빙하기

그린란드의 이누이트에게 냉장고를 팔려면 어떻게 해야 할까? 영업자용 핸드북에 등장하는 고전적인 질문인데, 다음과 같은 질문에도 적용해볼 수 있다. 홍콩과 같은 아열대 지역에서 북극용 코트를 어떻게 테스트할 수 있을까? 캐나다구스는 이 도전 과제에 착수했다. 그들이 찾은 해답은 매장 내에 특별한 테스트 구역, '콜드 룸Cold Room'을 만드는 것이었다. 별다른 설명이 필요 없는 이름이다. 매장 내에는 얼음 조각상으로 꾸며진 섭씨 영하 32.7도의 방이 마련되어 있다. 이를 통해 고객들은 여름철에도 제품을 테스트할 수 있다.

단순히 관심을 끄는 데서 그치지 않고, 브랜드의 진정성을 살릴 수 있는 매장 내 경험을 개발하는 것이 목표였다. 캐나다구스의 제품군은 기본적으로 기능성 겉옷을 포함하는데, 세계에서 가장 추운 지역에서 일하는 사람들을 위한 재킷을 생산하기 때문에 이런 제품을 테스트하기 위해서는 콜드 룸이 필요하다. 이를 위해 제품을 고르는 것을 도와준 직원이 고객을 따라서 콜드 룸에 들어가게 된다. 이 정도로도 만족하지 못하는 고객이 있다면, 보다 생생한 경험을 위한 매서운 찬바람도 준비되어 있다. 고객이 직접 공기의 흐름을 조절할 수 있기 때문에 걱정할 필요 없다. 홍콩에서는 아무도 얼어붙지 않고, 그건 캐나다구스에서도 마찬가지다.

콜드 룸은 고객이 충분한 정보를 제공받은 뒤 구매를 결정하도록 돕는 재미있고 특이한 경험이다. 결국 실험적인 소매업체는 센세이션을 일으킬 뿐만 아니라, 무엇보다도 유용하며 실질적이어야 한다. 어떤 고객은 재킷을 구매하기에 앞서 북극의 기온을 경험해보고 싶어 한다. 온도 변화에 대한 자신의 신체 반응을 느껴보고 싶은 고객도 있다. 지금 당장은 캐나다구스의 고객이 아니지만, 미래에 고객으로 전환 가능한 사람들에게 긍정적인 브랜드 경험을 제공할 기회다.

콜드 룸을 체험해보기 위해 줄을 서서 기다리는 사람들이 바로 그 성공의 증거이며, 콜드 룸은 '인증샷 명소'라고 칭해도 될 정도로 인기가 많아졌다. 그동안 캐나다구스는 전체 매장의 절반에 콜드 룸을 도입했다. 이는 재미와 기능성을 모두 잡는 데 성공한 사례로, 실질적인 목적을 달성하는 경험 지향적 소매업의 훌륭한 예시다.

> **캐나다구스 홀딩스 주식회사**는 1957년 캐나다 토론토에 설립된 럭셔리 브랜드로, 지금도 같은 곳에 본사를 두고 있다. 다양한 종류의 재킷, 파카, 조끼, 모자, 장갑 등을 생산하며, 고성능 의류를 취급하는 명품 브랜드 중 세계 최고라고 할 수 있다. 캐나다구스의 타깃 그룹은 25~45세 사이의 남녀. 현재 3개 대륙에 11개의 매장을 보유하고 있으며 3800명의 직원을 고용하고 있다.

소노스는 2002년 캘리포니아 산타바바라에 설립된 미국의 가전제품 회사다. 지금도 같은 곳에 본사가 있다. 소노스는 와이파이 전용 스마트 스피커를 갖춘 홈 사운드 시스템으로 유명하다. 뉴욕시의 소매점은 물론 7600여 곳의 파트너 도매점을 통해 전 세계에 오디오 제품을 공급하고 있다. 소노스의 직원 수는 현재 1500명 정도다.

소노스 SONOS

매장 안에
집 만들기

》》》

소노스에게 던져진 과제는, 고객이 스마트 스피커를 편하게 사용해볼 수 있는 장소를 만드는 것이었다. 마치 친구의 집에서 제품을 사용해보는 것 같은 분위기를 만드는 것이 아이디어의 핵심이다.

소노스의 첫 플래그십 스토어는 뉴욕 소호 지역에 있다. 소노스는 약 390제곱미터나 되는 공간을 단지 집을 꾸미기 위해 사용한다. 매장 내에는 7개의 최첨단 소노스 리스닝 룸Sonos Listening Room이 마련되어 있다. 각 리스닝 룸은 가정집의 축소판으로, 가구 배치와 장식을 다르게 해 다양한 라이프스타일을 선보인다. 따라서, 거의 모든 사람이 이들 중 하나에서는 집처럼 편안하게 느낄 수 있다. 다양한 청취 경험 시뮬레이션을 위해 각 집의 벽면이 하나의 방을 나타내도록 디자인했다. 소비자는 마치 친구 집에 방문하는 것처럼, 아늑한 집들 중 하나에 들어가 아무런 방해 없이 스마트 스피커 시스템을 사용해볼 수 있다. 그와 동시에 이들은 제품 작동이 얼마나 쉬운지 깨닫게 된다.

리스닝 룸에는 4겹의 음향 패널과 강철 프레임을 두른 유리문이 있어, 소리가 각 방에서 흘러나오지 못하게 한다. 이 모든 것을 개발하기

위해 많은 노력이 필요했다. 초기의 풀사이즈 프로토타입은 원하는 만큼의 음질이나 고객에게 멀티룸 경험을 제공할 수 없어서 즉시 폐기됐다. 현재의 리스닝 룸은 소노스의 소매 브랜드 콘셉트의 핵심 요소다. 또한 매장에는 다양한 아티스트들의 원본 작품과 장식물도 전시되어 있다. 뒤쪽에는 매장의 심장과도 같은 오브제 '월 오브 사운드Wall of Sound'가 있는데, 이는 297개의 스피커와 음향 폼으로 만들어진 작품이다.

디스플레이 중인 제품은 10개도 안 되기 때문에, 고객은 수많은 제품 라인에 시달리지 않아도 된다. 더 좋은 점은 매장 곳곳에서 들려오는 다른 소리나 음악에 방해받지 않는다는 것이다. 아이디어의 핵심은 친구 집에서 소노스 제품을 처음 사용했을 때의 느낌과 함께, '아하!' 소리가 나오는 바로 그 순간을 재현하는 데 있다. 매장의 목표는 제품을 판매하는 것이 아니라, 고객이 제품을 선택할 때 의사 결정 과정을 돕고 그들에게 색다른 경험을 제공하는 것이다. 이런 맞춤식 경험은 각 소비자가 매장에서 듣고 싶은 음악을 재생하면서, 소노스 제품을 집에서 사용하는 방법을 익히도록 돕는다.

오프라인은 죽지 않았다

베타 B8TA

대여점에서의 테스트 타임

베타B8TA는 2015년 캘리포니아에서 설립되어, 현재 샌프란시스코에 본사를 둔 미국의 체인점이다. 150여 명의 직원을 고용하고 있으며, 소매업을 서비스 모델로 하는 매장이 약 20개에 달한다. 베타는 혁신적인 브랜드를 위해 쇼룸으로 사용할 수 있는 매장 공간을 제공하는 서비스 회사다.

오프라인 소매점은 온라인 쇼핑만큼 단순하고, 똑똑하고, 개방적이어야 한다. 이것이 바로 베타의 신조다. 베타는 온라인에서 판매되는 혁신적인 제품을 고객들이 개인적으로 테스트할 수 있기를 바란다. 이 목적을 위해 '서비스형 리테일Retail as a Service' 모델을 사용했다. 브랜드들은 온라인 신청을 통해 제품을 매장에 쉽게 배치할 수 있으며, 고객 상호작용과 제품 관련 행동에 대한 자세한 분석을 제공받는다. 캘리포니아 팔로 알토에서 시작된 실험 매장은 곧 전국적인 매장 네트워크로 성장했다. 매장 공간은 판매 공간이라기보다는 전시장에 가깝다. 베타는 오프라인 소매점으로 확장하고 싶은 온라인 사업가에게 온라인과 오프라인 각각의 장점을 모두 제공한다. 제품은 일정 기간 혹은 영구적으로 진열되며, 고객은 온라인에서 구매하기 전 개인적으로 제품을 테스트해볼 수 있다.

매장은 소프트웨어와 카메라를 이용해 고객 활동을 원활하게 추적한다. 기계 제조업체는 고객이 그들의 제품을 어떻게 조작하고 반응하는지 살펴볼 기회를 제공받는다. 이를 위해 필요한 것은 베타 매장의 진열대를 임대해 조촐하게 제품 라인을 전시하는 게 전부다. 입점 브랜드는 곧바로 고객 행동과 오프라인 매장에서의 고객-제품 상호작용에 대한 익명화된 데이터 분석 결과를 제공받을 수 있다.

베타는 매장에서 판매된 제품을 통해 어떤 수익도 얻지 않는다. 애초에 매출을 내는 것이 목표가 아니기 때문이다. 기계장비 제조업체들은 제품 전시를 통해 소비자가 제품을 테스트하고, 세밀한 평가를 제공받고, 그들의 인지도를 높여줄 것을 기대한다. 베타의 성공 전략은 단순하다. 고객에게는 제품을 테스트할 기회를 주고, 입점 브랜드에는 고객의 행동 분석을 제공하는 것이 전부다. 한마디로 '서비스형 리테일' 그 자체다.

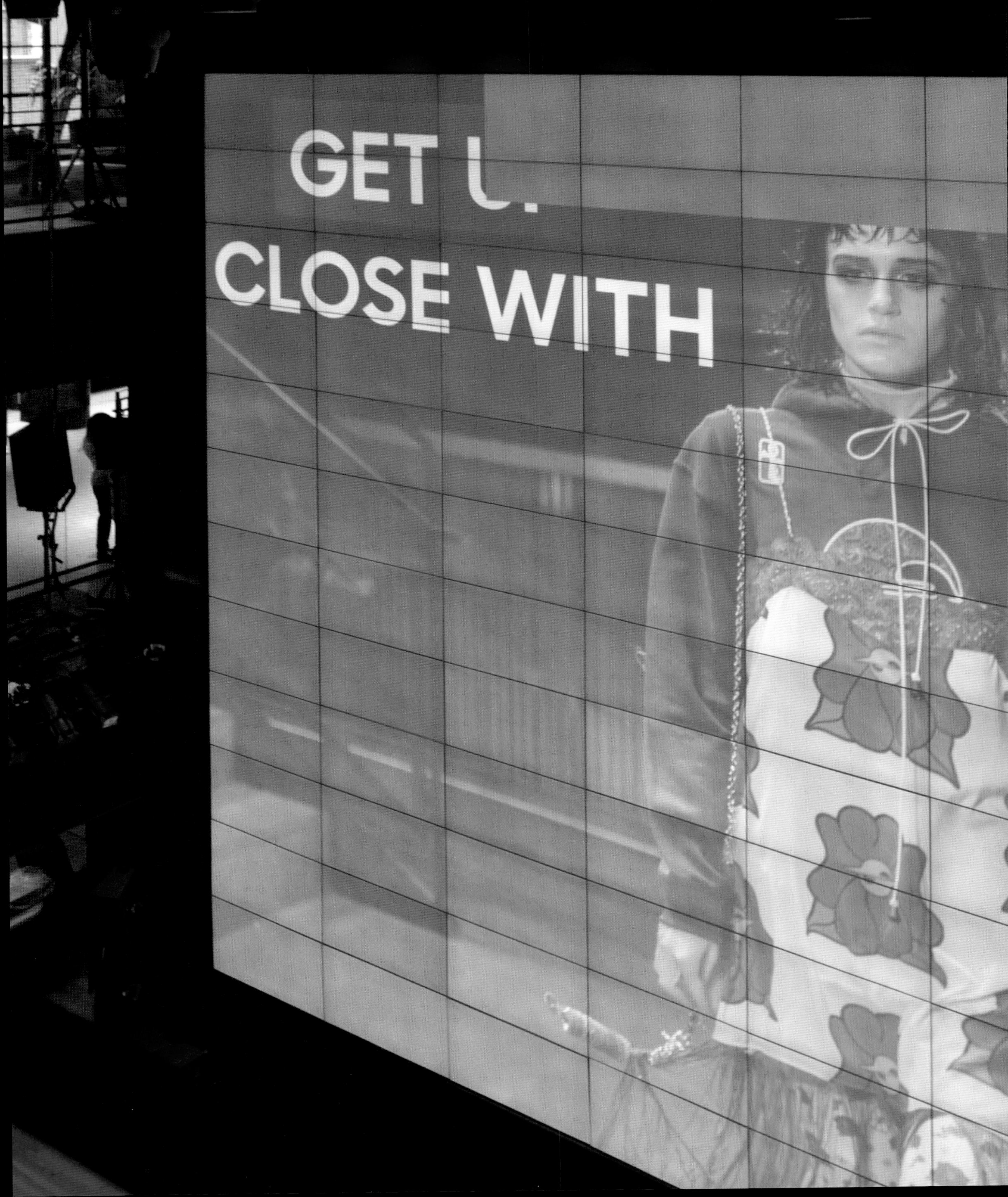
GET U
CLOSE WITH

삼성837 SAMSUNG837

리테일테인먼트

역설적으로 보일 수 있는 목표지만, 삼성은 고객이 제품을 구매하는 대신 제품의 기술을 직접 경험할 수 있는 장소를 만들고 싶어 했다. 삼성이 '리테일테인먼트Retail-Tainment'(소매업Retail과 엔터테인먼트Entertainment의 합성어로, 고객에게 즐거움을 주는 쇼핑 경험을 제공하고자 하는 것―옮긴이)라고 부르는 이 개념은 문화, 기술, 사람을 결합하고자 하는 고객 경험을 말한다. 뉴욕시의 삼성 플래그십 스토어인 삼성837이 바로 그 예시다.

삼성837은 '아무것도 팔지 않는 매장'으로 알려져 있는데, 엄밀히 따지면 그렇지는 않다. 사실 여기에서 판매하는 것은 아주 명확하다. 바로 삼성전자 제품이 제공할 수 있는 즐거움에 대한 생각이다. 따라서, 직원들은 소비자에게 제품을 판매하기 위해 의무적으로 구매를 권유하지 않는다. 삼성837의 직원들은 기술과 예술에 대한 열정이 넘치는 사람들일 뿐이다.

그들은 고객이 도움이 필요한지, 아니면 혼자 있고 싶은지를 한눈에 알아챌 수 있다. 그 밖에 기존 및 신규 고객에게 제품을 최대한 활용하는 방법을 알려주는 개인 상담 서비스도 준비돼 있다.

매장 입구 영역은 메인 스테이지가 차지하는데, 55인치 평면 스크린 96개로 구성된 3층짜리 대형 스크린이 있어 사람들의 눈길을 사로잡는다. 존 레전드와 같은 최고의 아티스트들이 여기에서 매년 다양한 음악 공연을 펼친다. 스테이지에서 공연 중인 아티스트가 없을 경우, 고객은 셀카를 찍어 큰 화면에 띄울 수 있다. 이 사진 한 장이면 '좋아요' 받기는 식은

죽 먹기다.

여행, 스포츠, 음악 및 시즌 이벤트와 같은 주제로 가상현실을 체험할 기회도 충분하다. 고객이 가상 세계에서는 어디로든 이동할 수 있으니, 무한한 종류의 경험을 선물하는 거나 마찬가지다. 정기적으로 바뀌는 상호작용 공간 외에도 라디오 방송, 팟캐스트, DJ 세션, 라이브 녹음, 유명인 인터뷰 등을 할 수 있는 호스팅 공간으로 라디오/음악/DJ 스튜디오도 마련되어 있다.

꼭대기 층에는 라운지와 놀이방이 있다. 휴식을 취하면서 삼성 제품을 테스트하는 편안한 공간들이다. 라운지에서는 개인 컴퓨터로 작업할 수 있고, 60인치짜리 평면 스크린 TV를 보며 그것이 집에 있다면 얼마나 좋을지 상상할 수도 있다. 옆에는 조리시설이 완비된 주방이 있는데, 최신 가전제품은 물론 인터넷에 연결되는 냉장고까지 있다. 이 냉장고를 활용하면, 식료품 쇼핑을 하는 동안 스마트폰을 사용해 냉장고에 무엇이 있는지 확인하고, 모자란 재료를 체크할 수 있다. 주방 옆에는 카페가 있다. 매장 전체를 통틀어 구입할 수 있는 것은 여기에서 판매하는 커피, 도넛, 쿠키가 전부다. 물론 결제는 삼성 페이로 할 수 있다.

삼성837 매장에 설치된 것의 대부분은 방문객이 사진이나 동영상을 촬영한 후 소셜 미디어에 업로드해 친구들과 공유할 수 있게 설계되었다. 따라서, 이 매장의 성공 여부는 매출액이 아니라 소셜 미디어에서의 존재감social media presence에 의해 측정된다. 삼성837은 기술의 장에서 문화 이벤트와 제품 경험의 통합을 이뤄낸 스마트한 소매업 콘셉트다.

삼성은 대한민국에 본사를 둔 글로벌 기업이다. 1969년 설립되어 현재는 수많은 자회사를 두고 있으며, 그중 대부분이 삼성 브랜드 아래 그룹화되어 있다. 전 세계에서 삼성 매장을 찾아볼 수 있다. '삼성 익스피리언스 스토어Samsung Experience Stores'라고 불리는 매장들에서는 가상현실 스마트안경 같은 제품들을 테스트하거나, 다양한 서비스를 이용해볼 수 있다. 삼성전자는 전 세계에 약 31만 명의 직원을 고용하고 있다.

애플APPLE 주식회사는 캘리포니아 쿠퍼티노에 본사를 둔 글로벌 테크놀로지 기업이다. 1976년 창립되어 오락용 전자기기, 컴퓨터 소프트웨어, 온라인 서비스 등을 개발 및 판매하고 있다. 테크놀로지 기업 중 가장 높은 매출액을 기록했으며, 세계에서 세 번째로 큰 규모의 휴대전화 제조업체다. 제품군에는 스마트폰, 태블릿, 컴퓨터, 휴대용 미디어 플레이어, 스마트 워치, 무선 이어폰, 스마트 스피커, 소프트웨어, 온라인 서비스, 결제 시스템까지 포함된다. 2001년 오픈한 첫 번째 매장을 시작으로 5개 대륙에 500개 이상의 매장을 두고 있다. 현재 10만 명 이상의 정규 직원을 고용 중이다.

애플 APPLE

빨가면 사과, 사과는 똑똑해

≫≫≫

애플은 혁신적이면서도 사용하기 쉬운 컴퓨터 제품을 개발하는 시장의 선두주자다. 이들의 소매업에 대한 접근 방식 역시 혁신적이다. 애플 스토어의 신조는, 같은 생각을 가진 사람들을 만나고 배울 수 있는 장소여야 한다는 것이다. 오늘날 애플이 제공하는 제품과 서비스는 아주 매끄럽게 연결된다. 고객은 현장에서 제품을 사용해보고, 전문가로부터 필수 노하우를 얻어 갈 수 있다. 애플 로고는 성서에 등장하는 지식의 열매인 선악과를 상징하는데, 매장에 방문하면 그 의미를 다시금 이해할 수 있다.

소비자는 구매 전 조사 단계에 많은 시간과 노력을 투자하며, 그들에게 중요한 정보를 수집한다. 애플은 소매업체가 이런 정보를 제공하면 좋겠다고 생각했다. 마케팅 캠페인의 형태가 아닌 무료 서비스 형태로 말이다. 이 서비스를 구현한 것이 바로 '투데이 앳 애플Today at Apple'의 교육 콘셉트로, 애플의 기술을 사용하기 위한 실용적인 지식을 제공한다. 매장의 무료 세션에서는 50개 이상의 행사가 열리는데, 여기에서 애플 고객들은 뛰어난 능력을 갖춘 팀 멤버로부터 전문 지식을 전수받을 수 있다. '투데이 앳 애플'은 모든 연령대의 고객을 대상으로 하며, 교육 콘텐츠의 난이도도 다양하다. '어린이를 위한 음악 연구소Music Lab for Kids'에서는 6세부터 12세까지의 어린이에게 아이패드의 가라지밴드GarageBand 앱을 사용해 좋아하는 프로그램의 타이틀곡을 프로듀싱하는 방법을 알려준다. 또한 앱 세션에서는 어른을 대상으로 키노트Keynote를 사용해 앱 아이디어를 개발하고 실행하는 방법을 가르친다. 사진, 영상, 음악, 코딩, 예술, 디자인 등 다양한 분야의 수업이 준비되어 있다. 물론, 모든 수업은 애플 제품의 독자적인 기능을 중점적으로 활용하여 이루어진다.

애플의 교육 프로그램은 고객이 애플의 기술을 더 쉽게 사용할 수 있도록 설계됐다. 누구나 기술을 사용하면서 어려움을 겪은 적이 있다. 기능은 많은데 내가 하려는 일만 안 되는 느낌이 들 때도 있다. 애플은 이런 고객에게 실용적인 지식을 공유하는 것을 주요 목표로 설정했다. 고객은 자신의 지식을 한 단계 끌어올릴 수 있는 새로운 무언가를 배우길 원하고, 전문가의 도움을 받고 싶어 한다. 애플이 사람들의 열정을 불러일으키고 고무시키며, 고객을 유지하는 비결은 바로 여기에 있다.

2. 체험을 판매하다

소매업자들은 브랜드의 영향력을 확대할 기회를 찾는다. 그들은 브랜드를 고객과 연결할 수 있는 진정성 있는 새로운 방법을 찾아내야 한다. 이 장에서는 고객이 돈을 지불하는 브랜드 경험을 설계하는 방법과 일반적인 핵심 사업의 영역을 넘어서는 브랜드 경험을 다룰 것이다. 핵심 사업 이외의 어떤 사업 영역이 이에 적합할까? 어떤 영역에서 정말로 새롭고 진정성 있는 브랜드 경험을 창조할 수 있을까?

핵심은 다양화 전략이다. 제품, 서비스, 시장이 회사의 핵심 사업 영역에 포함되는 성장 전략을 말하는 것이다. 다양화 전략을 통해 새로운 브랜드 경험을 창출할 수 있다. 예를 들면, 잡지사가 자체적인 식품 매장을 여는 경우나, 피트니스 스튜디오가 피트니스 부티크 호텔을 열어 고객의 일상 속 새로운 영역에 브랜드명을 새기는 경우 등이 있다.

사업 확장을 위해 새로운 카테고리나 산업을 시도해볼 때, 가장 먼저 할 것은 어떤 제품이나 서비스가 고객에게 새로운 브랜드 경험을 제공할 수 있는지 스스로 되묻는 것이다. 브랜드 확장의 일환으로 위스키 라운지를 여는 이발소의 경우와 같이, 완전히 새로운 사업 영역에 들어설 수도 있다. 또는 새로운 브랜드 경험과 더불어 고객에게 추가 혜택을 제공하는 신제품을 선보일 수도 있다. 애플의 티타늄 신용카드 출시에 따라, 고객이 제품 선택부터 최종 구매까지 경험할 수 있게 만든 사례도 있다. 관련 제품군을 이용해 사업을 확장하는 것도 가능하다. 예를 들어, 향수 매장은 브랜드 경험 확장을 위해 미용 관리 서비스를 제공할 수 있다. 마지막으로, 제품을 전시하고 고객이 경험할 수 있는 추가 장소를 마련하는 방법도 고려해보자. 가구점 브랜드가 자사 가구를 활용한 호텔 브랜드를 새롭게 출시하는 사례도 있다.

유료 체험을 통한 브랜드 확장이, 실질적인 고객 경험을 끌어내게 하는 것이 가장 중요하다. 만약 스포츠 브랜드가 카페를 연다면, 카페 공간을 자사 제품의 전시관 정도로 활용해서는 안 된다. 제품을 센스 있게 배치하는 것은 성공적인 고객 경험을 위해 중요한 요소이지만, 그것이 전부는 아니다. 전체적인 콘셉트는 대체 불가하고, 경험을 표방하며, 다양한 방면에서 브랜드를 조명할 수 있어야 한다. 카페로 다시 예를 들면, 고객이 들어와서 나가는 순간까지의 고객 경험 전체를 포함하는 것이다. 카페 내부의 가구 배치부터 음악, 종업원까지 다양한 요소를 살펴야 한다.

새로운 고객 경험을 창출하기 위해, 브랜드는 제품 그 이상의 무언가를 제공해야 한다. 브랜드는 그에 속한 모든 제품의 합, 그 이상의 가치를 가지기 때문이다. 브랜드는 경험이며, 고객은 그 경험을 위해 기꺼이 돈을 지불한다. 이는 새로운 수입원일 뿐만 아니라, 고객 유지율을 높일 기회이기도 하다. 그러나 핵심 사업에서 너무 멀어지고, 안전 구역을 벗어나는 모험을 하지 않도록 주의하자. 새로운 사업 영역의 확장은 필연적으로 관리 시간을 늘려야 함을 의미하며, 따라서 현재 사업의 성공을 보장하는 다른 영역에 주의를 기울이지 못할 수 있다.

 # CALL TO ACTION

- 시장을 세분화할 수 있고, 브랜드 경험 향상에 도움이 되는 제품을 고려하라.

- 경쟁력, 위치 우위, 네트워크 등에 도움을 줄 수 있는 파트너십을 분석하라.

- 통합적인 고객 경험이 브랜드가 추구하는 방향과 일치하는지 확인하라.

"
브랜드는
그에 속한
모든 제품의 합,
그 이상의 가치를
지닌다.
"

티파니앤코 TIFFANY&CO.

티파니에서 아침을

>>>>

티파니앤코(이하 티파니)가 클래식한 브랜드이기는 하지만, 그렇다고 해서 소매 산업 지형의 변화를 무시할 수는 없다. 결혼 건수가 줄어들고 있는 현 추세 또한 사업을 어렵게 하는 요소 중 하나다. 이러한 상황과 별개로, 기존 고객을 유지하고 신규 고객을 유치하기 위해서는 언제나 새롭고 흥미로운 기회와 아이디어를 찾아다녀야 한다. 많은 소매업체가 부가 서비스를 제공하고, 고객 방문 빈도를 높이기 위해 수십 년간 실행해온 방법이 바로 카페 운영이다. 하지만 티파니만큼 새로운 브랜드 경험을 위해 카페를 잘 활용한 브랜드는 아마 없을 것이다.

오드리 헵번이 연기한 홀리 골라이틀리가 크루아상을 먹으며 값비싼 보석상의 반짝이는 쇼윈도 속을 동경하는 장면이 처음 상영된 지도 벌써 50년이 넘었다. 그 이후, 영화 「티파니에서 아침을Breakfast at Tiffany's」은 브랜드의 일부로 자리 잡았다. 오늘날에는 티파니에서 자체적으로 카페를 운영하기 때문에 종이 가방을 손에 든 채 창가에 서 있을 필요는 없다. 명품거리로 유명한 뉴욕 5번가에는 원작의 촬영지인 블루박스 카페Blue Box Cafe가 있는데, 이곳을 통해 브랜드의 새로운 타깃 그룹이 유입된다. 비록 다이아몬드 반지를 살 여유는 없더라도, 29달러만으로도 티파니만의 화려하고 낭만적인 세계에 빠져 '티파니에서 아침을' 먹을 기회를 얻을 수 있는 공간이다.

> **티파니**Tiffany's라는 간단한 이름으로 더 많이 알려진 티파니앤코는 미국 뉴욕시에 본사를 둔 명품 보석 소매업체다. 보석과 순은은 물론, 전 세계 300개 매장에서 도자기, 크리스털, 향수, 시계 및 액세서리를 판매한다. 현재 1만 4000명 이상의 직원을 두고 있다.

영화에서는 커피가 종이컵에 담겨 제공되지만, 지속가능성을 고려하는 오늘날에는 상황이 바뀌었다. 티파니에서는 하루 종일 아침 식사를 할 수 있는데, 파티광인 홀리는 일찍 일어나는 법이 없었기 때문이다. 가정용 장식품으로 꾸며진 4층에 카페가 있는데, 여기에서는 센트럴 파크가 곧바로 내려다보인다. 방 자체는 물론 의자나 접시까지도 모두 티파니 특유의 푸른 색조를 띠고, 벽에는 진열장이 자리한다. 티파니는 카페를 통해 방문자들에게 현대적이고 고급스러운 경험을 선사하며, 특별하고 새로운 브랜드 경험을 선물한다.

소셜 미디어도 물론 빼놓을 수 없다. 브랜드 컬러인 파랑과 하양으로 이루어진 포토 스팟이 곳곳에 있다. 고객의 소득과는 상관없이, 블루박스 카페는 고객이 티파니의 화려한 세계를 체험할 수 있게 해준다. 그저 셀카만 한 장 찍으러 온 고객이라고 해도 말이다.

아메리칸걸은 1986년 플레전트컴퍼니Pleasant Company에서 출시한 18인치 인형 시리즈다. 마텔Mattel의 자회사로서 미국 위스콘신에 본사를 두고 있으며, 1998년에 시카고에서 첫 소매점인 '아메리칸걸 플레이스'의 문을 열었다. 미국 내에는 17개 매장이 있고, 캐나다와 아랍에미리트에도 파트너 소매업체를 두고 있다. 현재 1700명 정도의 직원이 있는데, 크리스마스 시즌에는 직원 수를 두 배로 늘린다.

아메리칸걸 AMERICAN GIRL

인형을 위한 웰니스

》》 》

아메리칸걸은 이미 20년 전부터 경험 중심 소매점을 운영하고 있다. 1998년까지는 우편으로 주문해야 인형을 구매할 수 있었다. 하지만 그 당시에도 매장은 단순한 판매 장소 이상의 기능을 수행했다. 인형을 활동적인 모습으로 전시했던 것이다. 인형을 위한 식당, 살롱, 병원 등 다양한 독점 판매 제품이 준비되어 있었다. 오늘날 아메리칸걸 플레이스 또한 단순히 인형을 구매하는 장소 이상의 의미를 가지며, 아메리칸걸의 팬을 위한 브랜드 경험을 제공한다.

아메리칸걸은 언제나 제품 콘셉트에 충실하다. 각 인형은 8세부터 12세까지의 다양한 민족의 소녀 모습을 담고 있다. 인형은 각 소녀의 관점에서 쓰인 책과 함께 판매되는데, 다양한 옷과 액세서리도 구매할 수 있다. 최근에는 인형의 외모와 의상을 원하는 대로 주문 제작할 수 있는 새로운 서비스가 출시되었다.

아메리칸걸은 상상할 수 있는 거의 모든 영역에서 '유료 경험'을 이용해 매장에서 총괄적인 브랜드 경험을 제공한다. 인형에게 '사고'가 발생하면, 아메리칸걸 인형 병원에서 전문가의 도움을 받을 수 있다. 꼼꼼한 인형 청소부터 '큰 수술'까지, 모든 인형은 의사에게 진료받을 수 있다. 심지어 14달러에 이 꼬마 숙녀를 위한 보청기까지 구매할 수 있다!

아메리칸걸 미용 살롱에서, 꼬마 고객은 룩북에서 인형의 스타일을 고르고, 눈앞에서 인형의 변신 과정을 지켜볼 수 있다. 인형을 위한 '스파 디럭스 데이 Spa Deluxe Day'를 예약하면 접착식 매니큐어 손톱이나 귀걸이까지 제공된다. 아메리칸걸 레스토랑에서는 아이와 보호자가 함께 브런치, 점심, 애프터눈 티, 저녁 식사를 즐길 수 있는데, 아이와 인형이 함께 앉을 수 있는 작은 테이블이 자연스럽게 세팅되어 있다. 다양한 생일 파티 패키지나 VIP 저녁 쇼핑 세션도 추가로 예약이 가능하다. 이 모든 것으로도 충분하지 않다면, 아메리칸걸 호텔 패키지까지도 준비되어 있다. 파트너 호텔에서 숙박이 제공되는데, 여기에서 인형은 VIP 고객으로 대우받으며 인형 전용 침대에서 잠을 잘 수 있다. 말도 안 된다고 느껴지는가? 그럴 수 있다. 하지만 이 모든 것은 꼬마 숙녀들에게 더할 나위 없이 즐거운 경험이다.

아메리칸걸은 이렇게 소녀들에게 완벽한 하루를 제공한다. 아이들에게는 평생 기억에 남을 값진 경험이 될 것은 물론이고, 브랜드 충성도를 품게 하여 미래에 이 아이들의 아이들에게까지 브랜드를 전할 기회이기도 하다.

노드스트롬 NORDSTROM

팝 인 부티크

»»»

노드스트롬은 몇 년 전부터 꾸준히 고객들에게 독특한 경험을 제공하기 위한 팝업 전략을 실행하고 있다. 보다 어린 연령대의 고객들도 타깃으로 삼았으며, 보통 노드스트롬에서 쇼핑하지 않을 만한 사람들이 팝업 매장에 방문하도록 유인했다. 노드스트롬이 의도한 바는 매장의 획일성을 깨고, 고정된 팝업 매장 영역에서 전형적인 독립 소매상점 느낌의 부티크 스타일을 연출하는 것이었다.

'팝인@노드스트롬 Pop-in@Nordstrom'은 2013년 말에 오픈해 다양한 테마의 팝업 매장을 보여주고 있다. 팝업 매장의 구성은 4~6주마다 변경되어 고객들에게 늘 새롭고 흥미로운 경험을 제공하며, 이에 따른 재방문 고객의 증가를 노렸다. 팝업 매장의 콘셉트는 크게 두 가지로 나뉜다. 첫 번째는 다양한 제품 카테고리와 브랜드를 엄선해 구성한 콘셉트이며, 두 번째는 하나의 브랜드와 파트너십을 맺어 구성한 콘셉트다. 후자의 경우, 유망한 디자이너에게 오프라인 매장에서

스스로를 소개할 수 있는 기회를 주기도 한다.

팝업 매장의 제품군은 일관된 스토리를 전달할 수 있도록 엄선된다. 평소에 노드스트롬 매장에서 취급하지 않는 제품이 포함된다. 그래서, 노드스트롬의 고정 고객에게 새로운 무언가를 소개할 수 있게 된다. 신흥 레이블에서 수집품, 명품 등 제품의 종류는 다양하며, 현재 트렌드를 늘 염두에 둔다. 노드스트롬의 구성원들 스스로가 즐겨 사용하고 있는 바로 그 제품을 고객에게 제공하는 것이 목표다.

팝업 매장은 각 테마마다 개별적으로 다르게 설계된다. 이는 고객의 호기심을 불러일으키며, 계속해서 그들을 놀라게 한다. 아이디어 구상부터 제품 선택, 구매, 매장에서의 실행까지의 전 과정은 몇 개월 만에 일사천리로 진행된다.

노드스트롬 주식회사 Nordstrom Inc.는 미국 워싱턴 주 시애틀에 본사를 둔 미국의 고급 백화점 체인이다. 1901년에 설립되어, 현재 미국과 캐나다에 거의 400개의 매장을 보유하며 7만 명 이상의 직원을 두고 있다. 노드스트롬은 주로 의류, 액세서리, 신발, 화장품, 향수 등을 취급하며, 일부 매장에서는 웨딩 의상이나 가구를 판매하기도 한다.

존루이스앤파트너스 JOHN LEWIS&PARTNERS

백화점에서 보내는 하룻밤

>>>

매장에서 추구하는 건강과 웰니스 콘셉트는 수년간 소비자에게 인기를 끌고 있다. 빠르게 변화하는 글로벌 세계에서, 평화로운 순간이 값지게 여겨지기 때문이다. 수면 관련 상품 카테고리에 대한 전략이 갈수록 중요해지는 것은 놀랍지 않다. 매트리스부터 침구, 잠옷, 나이트케어 제품에 이르기까지 그 종류는 다양하다. 존루이스는 라이프스타일 블로그인 '미덜트The Midult'와 협업하여, 수면 관련 제품군을 갖춘 팝업스토어 '라잉 다운 클럽The Lying Down Club'을 론칭했다.

런던 플래그십 스토어 3층에 있던 침대 코너는 곧바로 침실로 탈바꿈됐다. 오후 6시에서 8시까지 문을 연 팝업 캠페인 기간에, 고객들은 이곳에서 편히 낮잠을 잘 수 있다. 마치 비행기에 탑승한 것처럼, 고객에게 포근한 목욕 가운, 편안한 슬리퍼, 소음 방지 헤드폰, 안대가 제공된다. 방문객들은 스파 전문가로부터 마사지를 받거나, 가상현실 안경을 착용하고 몰디브로 짧은 여행을 떠날 수 있다. 그저 조용한 곳에서 평화로운 분위기를 즐기고 싶은 고객은 깔끔하게 정리된 침대에서 휴식을 취할 수도 있다.

약 2시간이 소요되는 이 체험은 사전 온라인 예약제로 운영되었다. 수면이 부족하거나 휴식이 필요한 사람을 타깃 그룹으로 설정했는데, 신청자가 엄청났기 때문이다. 15파운드의 가격에 최대 2명이 더블 룸에서 편히 쉴 수 있다. 간식과 기타 서비스가 모두 포함된 가격이다. 이틀간의 팝업 이벤트는 전 세계 미디어 매체에 도시 한가운데에서 펼쳐진 '수평적인 브랜드 경험'으로 보도되며 뜨거운 관심을 받았다.

존루이스앤파트너스는 영국의 고급 백화점 체인이다. 1864년 런던 옥스퍼드가에서 첫 매장을 오픈한 이후, 지금은 영국 내에 50개의 매장을 운영하고 있다. 존루이스의 직원들은 파트너로 불리는데, 현재 2만8100명이 넘는다. 존루이스는 평균 1만2260제곱미터를 웃도는 매장 면적을 활용해 패션용품, 화장품, 가구, 가정용품 등을 판매한다. 핵심 타깃 그룹은 35세에서 44세 사이의 남녀.

오프라인은 죽지 않았다

젤몰리 JELMOLI

혁신의 종착지

젤몰리는 스마트 기기와 기술 혁신을 사랑하는 사람들을 위한 팝업 매장을 만들고자 하는 목표를 세웠다. 이를 위해 2018년에 영국의 스타트업 회사 스마테크Smartech와 파트너십을 체결했으며, 곧 '혁신의 종착지'라는 이름의 팝업 매장을 열게 되었다.

스마테크가 매력적인 파트너였던 이유는 무엇일까? 스마테크는 전 세계의 기술 혁신을 찾아내고, 발명가들이 그들의 이야기를 할 수 있도록 도와주는 회사다. 비전이 있는 최고의 제품만을 취급하는데, 오늘날에는 이들을 유럽에서 가장 큰 백화점 몇 군데에서 만나볼 수 있다. 스마테크는 젤몰리와 함께 독점적인 생활 전자기기를 선보였다. 순식간에 사진을 조정할 수 있게 해주는 사진 프레임, 물속에서 모든 순간을 포착하고 소셜 네트워크에 업로드할 수 있는 스냅챗 안경, 사용자를 따라다니거나 독립 비행을 할 수 있는 드론, 반려견을 위한 재미있는 배식 및 비디오 시스템, 이 외에도 훨씬 더 많은 제품이 있다.

모든 제품은 매장 내에서 직접 테스트해볼 수 있으며, 흥미로운 영상과 참고 자료도 시청할 수 있다. 끊임없이 변화하는 혁신적인 제품들을 접할 수 있게 된 젤몰리의 고객들은 이러한 제품군 확장에 많은 관심을 보였다. 팝업 매장의 성공으로 '혁신의 종착지'는 젤몰리의 핵심 요소가 되었고, 이를 통해 해당 전략의 효과를 증명할 수 있다.

젤몰리는 1833년 취리히에서 패션 매장으로 시작했다. 오늘날에는 스위스에서 가장 큰 프리미엄 백화점으로 약 2만4000제곱미터의 면적을 차지하며, 6층에 걸쳐 1000개 이상의 브랜드를 취급하고 있다. 이 매장에 고용된 사람은 1000명이 넘는다. 젤몰리는 의류, 액세서리, 화장품, 보석, 가구 등을 판매하고 있으며, 매장 내에서 식당이나 식품 마켓도 찾아볼 수 있다. 핵심 타깃 그룹은 25~55세까지의 남녀다.

오프라인은 죽지 않았다

메이시스 MACY'S

서비스형 리테일

메이시스는 팝업 매장인 '마켓@메이시스'를 통해 새로운 기준을 세웠다. 몇몇 메이시스 매장에서 매장의 일부 영역을 팝업 공간으로 활용할 수 있는 임대 공간으로 내놓은 것이다. 이 전략 역시 '서비스형 리테일'이라고 할 수 있다. 이를 통해 고객들에게 지속적으로 새로운 제품을 제공할 수 있으며, 고객의 방문 빈도 증가와 함께 임대료 및 기타 서비스로 인한 추가 수입을 얻을 수 있다.

이 서비스는 오프라인 소매점에서 새로운 콘셉트를 테스트하고 싶지만, 자체 매장을 여는 데 드는 시간과 비용에 부담을 느끼는 브랜드들을 타깃으로 한다. 9제곱미터 정도의 면적 열 군데부터 시작하는 임대 공간은 1~3개월간 이용이 가능하다. 임대 공간은 고객 방문 빈도가 높은 명당자리에 위치해 있다. 메이시스는 각 브랜드 비전에 따른 맞춤 설정과 숙련된 영업 직원의 팝업 매장 지원 서비스를 제공하는데, 이는 입주 브랜드에게 매우 실용적인 장점으로 작용한다. 게다가 판매 수입은 입주 브랜드가 그대로 가져갈 수 있으며, 입주 브랜드는 일일 판매량, 방문자 수, 전환율 같은 종합적인 데이터 분석 결과도 받아볼 수 있다.

첫 크리스마스 시즌을 맞아 마켓@메이시스는 페이스북과 파트너십을 맺었다. 페이스북에서 광고된 150개의 이커머스 브랜드 제품이 판매됐다. 의류, 액세서리, 미용부터 홈 인테리어, 테크놀로지 등 제품 구성이 다양했다.

메이시스는 이 팝업 매장을 통해 여러 가지 이점을 얻는다. 우선 매장의 잉여 공간을 활용해 고객들에게 지속적으로 다양한 제품을 제공할 수 있게 된다. 또한 메이시스는 임대를 통한 수입뿐 아니라, 새로운 제품에 대한 고객 선호도와 구매 행동에 대한 인사이트까지 얻을 수 있다.

미국의 백화점 체인 **메이시스**Macy's는 1858년 뉴욕에서 롤랜드 허시 메이시Roland Hussey Macy에 의해 설립되었다. 2015년 이래로, 소매 판매량을 고려했을 때 미국에서 가장 큰 백화점 체인이 되었다. 약 11만6000제곱미터 면적의 뉴욕 지점 플래그십 스토어는 세계에서 가장 큰 백화점 중 하나이기도 하다. 현재 본사를 포함해 미국, 푸에르토리코, 괌에 640개 지점이 있고, 38개의 블루밍데일스Bloomingdale's 매장, 170개의 블루머큐리Bluemercury 매장까지 합쳐 총 13만 명 정도의 직원이 일하고 있다. 메이시스는 온 가족을 위한 다양한 제품을 제공하지만, 핵심 타깃 그룹은 16~34세까지의 중산층 여성으로 설정되어 있다.

4. 커뮤니티 허브

많은 사람이 외로움이나 사회적 고립으로 인해 고통을 받고 있다. 수백 명이 넘기도 하는 소셜 플랫폼상의 '친구'들과 소통하고 있다는 점에 비추어 볼 때 역설적인 상황이라고 할 수 있다. 하지만 전문가들에 따르면, 지속적인 온라인상의 관계는 실제적 관계의 감소를 낳는다. 영국에서는 2018년부터 외로움을 담당하는 정부 부처를 두고 있기도 하다. 특히 젊은 연령대의 사람들이 아날로그 공동체에 소속되고 싶어 한다. 이는 소매업체들에게 매장은 그저 제품을 전시하고 판매하는 곳이 아니라, 공동체의 일부가 될 수 있다는 것을 보여줄 기회로 작용하기도 한다. 매장을 통해 사람들이 한데 모이고, 생각을 공유할 수 있는 장소를 마련하는 것이다. 사회학자들은 이것을 '제3의 장소', 즉 사회적인 상호작용을 위해 집과 직장을 오가는 일상 사이에 방문하는 곳이라고 말한다. 옛적의 마을 회관이 떠올라 이상하게 들릴지도 모르겠다. 그런데 어떻게 하면 매장을 이런 커뮤니티 허브로 만들 수 있을까?

판매량 감소에 따라 소매점은 그에 맞추어 재고를 조정해야 하는데, 이 때문에 매장에 빈 공간이 생기는 경우가 종종 있다. 소매업자들은 이러한 빈 공간들을 이용해 소위 말하는 커뮤니티 모임 장소, 즉 만남의 공간을 창조할 수 있다.

고객이 오랫동안 머물 수 있는 공간을 만들라. 사람들에게 제품뿐만 아니라 여가 활동을 할 수 있는 기회까지 제공하라. 문화 행사를 열거나 공동 작업 공간을 마련하라. 소셜 공간을 제공하고 커뮤니티의 일부로 자리 잡으면서, 브랜드는 고객의 방문 빈도와 충성도를 높이고, 때때로 추가적인 수입을 얻을 수도 있다.

커뮤니티 모임 장소를 만들기 위해서는 고객의 신뢰를 얻고 유지해야 한다. 그렇다면 고객의 신뢰를 얻을 수 있는 가장 좋은 방법은 무엇인가? 브랜드의 모든 활동에 있어서 고객에게 '그저 뭔가를 팔려고만 하는 느낌'을 주지 않도록 노력하는 것이다.

소비자가 굳이 상점에서 사람들을 만나고 싶어 할 만한 충분한 이유를 제공해야 한다. 그 이유는 스포츠웨어 브랜드에서 매주 제공하는 요가 수업일 수도, 매주 토요일마다 영패션 소매점 라운지에서 공연하는 DJ일 수도 있다. 이벤트는 지역의 사람들을 끌어들일 뿐 아니라 고객들에게 소셜 네트워킹을 할 수 있는 기회를 제공하기도 한다. 이것이 바로 소매업체가 커뮤니티의 중요한 부분으로 자리매김할 수 있는 방법이다.

공동 작업 공간을 만드는 것도 커뮤니티를 구축하기 위한 좋은 옵션이다. 점점 더 많은 직원이 유연한 근무 스케줄을 요구하고 있으며, 이에 따라 기업들도 다양한 솔루션을 내놓고 있다. 이에 대한 대안 중, 재택근무는 날이 갈수록 인기를 얻고 있다. 하지만 재택근무의 가장 큰 단점 중 하나는 동료와 팀에게 느끼는 동료애의 부재다. 이를 통해 지난 몇 년간 공동 작업 공간의 폭발적인 증가를 설명할 수 있다. 어떻게 하면 상대적으로 적은 노력을 들여 젊은 직원과 프리랜서를 위한 만남의 장소를 만들 수 있을까? 이를 위해 가장 필요한 것은 그룹이 앉기에 좋은 좌석, 고속 인터넷, 브랜드와 타깃 그룹에 알맞은 이벤트를 제공하는 것이다.

당신의 매장을 커뮤니티 모임 장소로 활용하고 싶을 만한 정기적인, 혹은 장기적인 이유를 제공하라. 고객들에게 실질적인 부가가치를 제공하는 '제3의 장소'로서 기능하도록 하라. 그저 제품을 판매하기 위한 목적이 아닌, 기억에 남는 브랜드 경험 축적에 기여하며 고객에게 신뢰를 줄 수 있는 커뮤니티 이벤트를 제공하라.

 # CALL TO ACTION

- 매장 내에서 커뮤니티가 정기적으로 모임을 가질 수 있을 만한 영역을 선별하라.

- 커뮤니티의 꾸준한 방문을 유도하는 인센티브가 될 만한 혜택과 부가가치를 고려하라.

- 모임 장소를 만들기에 적합한 이벤트와 서비스 제안, 파트너까지 분석하라.

- 이벤트를 통해 고객 신뢰를 구축하라. 제품은 이벤트의 전부가 아닌 일부만을 차지해야 한다.

"
매장은 진정성
있는 부가가치를
제공함으로써
지역 사회의
일부가 된다.
"

룰루레몬 LULULEMON

옴 클럽에서

룰루레몬은 1998년 캐나다에서 스포츠웨어 매장으로 문을 열었다. 밴쿠버에 본사를 두고 있으며 북아메리카, 아시아, 유럽, 호주 등지에 400개가 넘는 매장을 가지고 있다. 현재 1만3000명이 넘는 직원이 이 요가를 즐기는 회사를 위해 일하고 있다. 첨단 기능성 셔츠, 티셔츠, 바지, 라이프스타일 룩과 요가 액세서리가 매장에서 제공된다.

'땀 흘리고, 성장하고, 관계를 맺어라.' 이것이 바로 룰루레몬의 철학이다. 땀을 흘리며 함께 운동 목표를 달성하고, 명상을 통해 개인적인 성장을 이루며, 같은 생각을 가진 사람들의 공동체에 속하는 것을 의미한다. 이를 바탕으로, 사람들이 함께 이 철학을 실천하며 살 수 있는 공간을 창조하고자 하는 비전이 탄생했다.

룰루레몬의 전략은 매장에서 피트니스 수업을 제공하는 것이었다. 룰루레몬 직원들은 매주 가구와 제품을 옆으로 치우고, 요가 매트를 펴고, 매장을 요가 스튜디오로 바꿔놓는다. 수업은 무료로 제공되며, 커뮤니티에 속하는 지역 내 스튜디오의 강사가 지도한다. 지금은 전 세계 매장에서 이 전략이 실행되고 있다. 고객은 영감을 받기 위해 매장을 방문하고, 이 때문에 매장은 마음 맞는 사람들이 모이는 기분 좋은 만남의 장소가 된다.

룰루레몬 매장은 제품을 구매하기 위한 장소 이상의 의미를 갖게 되었다. 룰루레몬은 의도했던 것보다 더욱 긍정적인 효과를 얻었다. 우선, 고객들의 매장 방문 빈도와 매장에 머무는 시간이 증가해, 매출에 직접적인 영향이 있었다. 또한 직원들이 고객과 더 긴밀한 관계를 맺으면서 그들의 욕구, 목표, 열정을 이해할 수 있게 됐다.

현재 룰루레몬은 경험적인 이벤트 공간을 마련하기 위해 더 넓은 매장을 오픈할 계획을 세우고 있다. 시카고에는 훈련실 2개, 명상 공간, 카페까지 마련된 매장이 운영되고 있다. 이 매장의 면적은 1858제곱미터 정도로, 전통적인 요가 스튜디오에서 수련하는 것 같은 느낌을 주며, 매일 6개에서 10개 정도의 수업이 열린다. 이 옴 클럽(옴은 인도에서 유래한 신성한 의미를 가지는 소리로, 보통 요가 수업의 시작과 끝에서 외치는 말이다.—옮긴이)에서는 트레이닝복을 깜박 놓고 오는 날에도, 룰루레몬에서 편하게 빌려 입고 매트 위에 오를 수 있다.

또한 룰루레몬은 팬 커뮤니티가 브랜드를 더욱 명확하고 친밀하게 느낄 수 있도록 로열티 프로그램을 개발했다. 128달러의 연회비를 지불하면 동일한 가격의 바지나 반바지까지 제공받을 수 있다. 또한, 프로그램 회원은 큐레이팅된 운동 수업에 참여할 수 있다.

룰루레몬은 매년 4000개가 넘는 행사를 기획하고 진행한다. 큰 규모의 행사로는 밴쿠버에서 열리는 씨위즈Sea Wheeze 하프 마라톤이나, 에드먼턴과 토론토에서 열리는 10킬로미터 마라톤 등이 포함된다. 보다 작은 규모의 행사로는 매장 내 무료 명상 수업이나 요가 수업, 러닝 클럽, 기타 지역 행사가 있다.

이것이 바로 룰루레몬이 국제 시장에서 진정성 있는 브랜드로 자리 잡은 방법이다. 룰루레몬은 그저 제품 하나가 아니라, 공동체의 일부로 존재한다는 것을 전 세계에 알렸다.

캐피탈원 CAPITAL ONE

커뮤니티 뱅킹

전통적인 지방 은행 사업체가 지점을 많이 두는 것은, 보통 그리 좋아 보이지는 않는다. 이렇게 자회사들이 아예 없어지는 경우가 많아지면서, 은행 지점의 수는 최근 몇 년간 감소해왔다. 여기에는 여러 가지 이유가 있지만, 온라인 뱅킹의 편리성이 큰 역할을 한다. 하지만 모든 고객이 송금과 같은 은행 거래를 디지털로 하고 싶은 것은 아니다. 디지털에 익숙하지 않은 사람도 많다. 하지만 이런 이들은 거의 버림받은 신세가 되어가고 있다.

물론 은행 직원들은 더 이상 예전만큼 바쁘거나, 필수적인 역할을 수행하지는 않는다. 하지만 금융 문제 중 상당수는 여전히 전문가의 도움과 개인 면담을 필요로 한다. 민감한 주제를 다루게 될 때는 온라인을 믿을 수 없을 경우도 많기 때문이다. 따라서, 캐피탈원은 자체적인 전략을 세워 온라인 트렌드에 대항하기로 했다. 오늘날, 캐피탈원은 미래의 개혁적인 은행 지점들이 어떤 모습일지를 엿볼 수 있게 해준다.

미국의 캐피탈원은 카페들과의 금융 거래 관계를 수립했다. 여기에는 따뜻한 음료, 음식, 무료 와이파이, 충분한 좌석이 마련되어 있어 평화롭게 다과를 즐기거나 노트북으로 일하기에 좋다. 재정 문제에 대해 전문가나 금융 코치로부터 조언을 받을 수 있는 특별 공간과 수수료 없는 ATM도 있다. 카페의 공급 업체는 피츠 커피 Peet's Coffee로, 캐피탈원 고객의 경우 반값에 커피를 구매할 수 있도록 한다.

이 커피 은행은 실질적으로 얼마나 성공적이었을까? 사실, 처음에는 일반적인 카페와 다를 바가 없었다. 탁 트인 천장과 다양한 목재 구조물을 활용한 개방형 인테리어 디자인으로 인해, 카페는 일하거나 휴식을 취할 수 있는 커뮤니티 모임 장소로서 인기를 얻을 수 있었다. 그룹 고객을 위한 테이블과 의자, 소파, 개인 공간, 작업 공간 회의실, 인터랙티브 스크린, 충분한 콘센트가 마련되어 있었던 것도 한몫했다.

재정 문제에 대한 무료 코칭 외에도 지역 주민들을 위한 재무 계획 코칭, 영화 상영, 무료 요가 수업 등의 다양한 이벤트가 있었다. 여기에서는 그저 평화로운 분위기를 누리며 커피를 마시고, 원한다면 금융 상품이나 금융 지식에 대해 질문을 던질 수도 있다. 이 전략의 핵심 요소는 은행 상품에 대한 이야기를 강요하는 영업 팀이나 판매 전략에 의해 고객들이 압력을 느낄 일이 없다는 것이다. 금융 코치는 금융과 온라인 뱅킹에 대해서만 이야기하며, 고객이 먼저 캐피탈원에 대한 이야기를 꺼낸 경우에만 해당 주제에 대해 말한다. 이렇듯 공격적이지 않은 형태의 상호작용을 통해 고객 신뢰를 쌓을 수 있다. 이는 고객과의 관계를 강화하고 확장하며, 충성 고객층을 확보할 수 있도록 한다.

캐피탈원 카페를 통해, 은행업은 다시금 모든 사람에게 다가가기 쉬운 것이 되었다. 동시에, 캐피탈원 브랜드는 자연스럽고 편안한 방법으로 경험할 수 있게 되었다. 이 콘셉트는 전적으로 타깃 그룹의 니즈에 맞춰져 있다. 정서적인 유대를 바탕으로 고객 관계를 형성하는 것이다. 캐피탈원은 이를 통해 큰 성공을 거뒀다. 커뮤니티 뱅킹을 통해 은행 지점 사업에 혁명을 일으킨 셈이다.

캐피탈원 금융조합은 신용카드, 소비자은행 및 상업은행을 전문으로 하는 은행지주회사다. 1994년 미국 버지니아주에서 설립된 이래 미국, 캐나다, 영국에서 900개 이상의 지점이 생겼다. 이중 약 30개 지점이 현재 은행 카페를 운영하고 있다. 미국에서 8번째로 큰 은행으로, 직원은 약 5만 명이다.

아메리칸이글 아웃피터스 AMERICAN EAGLE OUTFITTERS

세탁소에서 회의하기

뉴욕 중심부의 유니언 스퀘어에 위치한 아메리칸이글 아웃피터스(이하 아메리칸이글) 매장은 뉴욕대학교 기숙사 바로 인근에 있다. 타깃 그룹과의 거리가 이보다 가까울 수 없다. 이런 상황에서, 매장에 주변에 거주하는 학생들을 위한 커뮤니티 모임 장소를 마련하는 것은 최고의 방안이다. 이렇게 탄생한 것이 바로 젊은 고객들에게 빈틈없이 맞춰져 완벽한 브랜드 경험을 제공하는 AE 스튜디오다.

학생들이 무료로 사용할 수 있는 세탁기와 건조기로 구성된 매장 내 벽은 놀라움을 자아낸다. 최근 들어 빨래방은 대도시의 필수 요소로 자리 잡았다. 맨해튼 같은 도시의 아파트는 좁으면서도 비싸서, 세탁기를 놓을 공간이 부족하기 때문이다. 뉴욕의 임대 아파트 중에서는 파이프 문제 때문에 세탁기를 연결하는 것 자체를 금지하는 곳도 많다. 아메리칸이글은 이렇게 돈 없는 학생들의 사정을 세심하게 고려한 서비스를 내놓았다.

이 정도면 매장에 걸어서 갈 수 있는 거리에 위치한 타깃 그룹의 상당수를 끌어올 수 있다. 하지만 이것으로는 충분하지 않았다. 그래서 만들어진 것이 바로 청바지를 맞춤 제작할 수 있는 '메이커스 샵Maker's Shop'이다. 고객들의 상상력은 언제나 예상을 뛰어넘는다. 패치를 여러 개 부착하는 것부터 바지

뒷면에 다양한 가죽 라벨을 매다는 것까지, 누구나 자신이 원하는 대로 독특한 청바지를 디자인할 수 있다.

맨 위층에는 공원이 잘 보이는 라운지가 있다. 라운지는 공동 작업 공간이나 휴식을 취할 수 있는 만남의 장소로 사용되는데, 빨래를 세탁하고 건조하는 동안 여기에서 기다리면 된다. 단체 방문객을 위한 널찍한 테이블과 많은 좌석, 바, 콘센트, 무료 와이파이가 준비되어 있다.

빨래방, 라운지 및 작업 공간, 개인 맞춤 제품 디자인 공간은 유용한 서비스 그 이상의 의미를 가진다. 아메리칸이글은 이 모든 것을 통해 근처 학생들에게 거의 공식적인 만남의 장소가 됐다.

아메리칸이글 아웃피터스 주식회사는 미국 펜실베이니아주 피츠버그에 본사를 두고 있는 미국의 라이프스타일 의류 및 액세서리 체인이다. 1977년에 설립되어 전 세계 1200개 이상의 매장에 4만 명 이상의 직원을 고용 중이다. 매장의 평균 크기는 490제곱미터가 넘으며, 여학생과 남학생 모두를 위한 의류, 액세서리, 관리 용품 등을 제공한다. 고객의 평균 연령대는 15~25세다.

바클리스 BARCLAYS

혁신의 지역 리더

바클리스PLCBarclays PLC는 소매업과 기업 금융 자산 및 투자 관리를 전문으로 하는 다국적 금융 서비스 회사다. 바클리스는 1690년 런던에서 설립되었으며, 혁신성으로 그 이름을 널리 알렸다. 바클리스는 1967년에 세계 최초의 ATM을 제공하기도 했다. 현재 50개국에 1300개 이상의 지점이 있으며, 8만2000명의 직원을 고용 중이다.

과거에 은행은 도시와 지역 사회에서 중심적인 역할을 했다. 마치 교회나 시장과 같은 공공 부문의 일부로서, 사회 구조에서 빼놓을 수 없는 요소였다. 디지털화로 인해 우리 사회의 소셜 공간, 즉 간단한 일 처리 이상의 것들이 이루어지는 곳들도 변화하고 있다. 은행 지점이 문을 닫고 있다는 것은 지역 커뮤니티를 위한 공간이 없어진다는 것을 의미하기도 한다.

이러한 배경을 고려하여, 바클리스는 새로운 방식으로 은행의 지점들이 지역 커뮤니티와 재연결될 수 있는 공간을 만들었다. 혁신적인 프로젝트에 대한 지원을 받고자 하는 스타트업이나 개인들이 찾아오도록 한 것이다.

이글 랩Eagle Labs은 2016년, 지역 사업들이 디지털 혁명에 적극적으로 참여하도록 유도한다는 중요한 목표를 가지고 실행했던 실험으로부터 출발했다. 이러한 비전을 실현하기

위해, 지역 주민, 고객, 과학자, 핵심 산업에 속한 기업들이 한데 모였다. 바클리스는 이 현장에서 함께 모인 스타트업과 기업가들이 비전을 실현할 수 있도록 도움을 주고자 했다. 이글 랩에서는 이를 위해 필요한 커뮤니티 룸, 리소스, 전문 지식이 모두 제공됐다.

첫 번째 콘셉트 매장의 성공으로 인해 이글 랩은 다른 바클리스 매장에까지 확장되었다. 지역 내 기업의 니즈와 각 산업에 대한 지역 경제력에 맞춘 전문 지식을 위해 특별한 공간들이 마련되었다. 이곳들을 통해 전문가 멘토링, 3D 프린터, 레이저 절단기와 같은 리소스에 접근할 수 있다. 덕분에 현장에서는 신제품 프로토타입을 비교적 싼 가격에 빠르게 만들어낼 수 있다.

또한, 각 이글 랩은 지역 사업체를 지원하기 위해 워크샵이나 부트캠프를 진행할 수 있는 이벤트룸을 제공했다. 더 젊은 세대에게 영감을 주기 위해 학교 수업을 여기에서 하도록 초청하기도 한다. 이를 통해 이글 랩은 기업만을 위한 공간이 아니라 모두가 신기술을 접해볼 수 있도록 하는 공간으로서의 의미를 갖게 된다. 이 시설들은 모두에게 열려 있다.

이글 랩의 도입은 지역 사회 기업들을 위한 엄청난 지원 사업일 뿐 아니라, 지역 전체의 성공을 이끄는 촉진제로 작용했다. 공동체 의식을 형성함과 동시에 지역 내 기업가들과의 관계도 깊어지게 할 수 있었던 것이다. 바클리스는 이로 인해 신뢰할 수 있는 브랜드로 부상했다.

2장
리테일 테크놀로지

RETAIL

오프라인 소매 산업에서 매장 내에서의 기술 사용은 중요한 논제다. VR, AR, AI, RFID 같은 말들은 뭔가 암호같이 들리기도 하는데, 다들 한번은 들어본 적이 있을 것이다. 그런데 이 기술들은 정확히 어떤 것이며, 소매 산업에 어떠한 이점을 제공할 수 있을까? 한 가지만 짚고 넘어가자면, 이러한 기술의 도입을 피할 수는 없다. 이는 부정할 수 없는 사실이다. 이런 기술이 열어주는 기회는 압도적인 수준이기 때문이다. 매장 내에 기술을 도입하면 경쟁사보다 훨씬 앞서나갈 수 있음에도 불구하고, 대다수의 소매업자는 여전히 새로운 시도를 망설이고 있는 것으로 보인다.

증강현실AR과 같은 기술은 매장에서 '더 현실적인 경험'을 할 수 있도록 도와준다. 즉, 물리적인 요소를 뛰어넘는 경험을 제공할 수 있다는 것이다. 반면에, 가상현실VR은 새로운 현실을 열어준다. 이를 통해 새로운 고객 경험을 추가하거나, 기존 고객 경험에서의 고충을 해결할 수 있다.

이는 누가 봐도 아주 분명한 고객 경험의 예시다. 하지만, 매장

ISN'T
DEAD

내 기술은 분명하게 느껴지지 않을 때도 그 가치를 발휘한다. 즉, 고객이 자신의 브랜드 경험에 사용된 기술을 눈치 채지 못할수록 좋다는 것이다. 인공지능AI의 경우에는 무한한 양의 정보를 결합하고, 알고리즘을 통해 평가하고, 자동으로 이를 추가할 수 있다. 이를 통해 앱을 거의 한계가 없는 수준까지 끌어올릴 수 있다. 고객 서비스에서 공동 지식, 떠오르는 제품군에 대한 예측, 고객의 표정 인식을 통한 기분 분석까지, 이 모든 작업을 수행할 수 있다. 불가능은 없다고 봐도 무관하다.

RFID 기술 역시 매력적이다. 이 기술은 주로 후면에서 무선 주파수 식별을 통해 이루어진다. 이를 활용해 실시간으로 재고를 최신 업데이트 상태로 유지하고, 고객의 매장 내 이동 경로를 추적하고, 고객 행동에 대한 데이터를 추출할 수 있다.
그래서 당신이 바라는 바는 무엇인가? 고객 경험? 프로세스 최적화? 시간 절약? 궁극적인 질문은 바로 당신의 사업에 알맞은 기술은 무엇이며, 그를 통해 달성하고자 하는 목표가 무엇이냐는 것이다. 이제 이 문제의 해답에 대해 알아보자.

1. 증강현실

2016년, 모바일 게임 '포켓몬고'는 모르는 사람이 거의 없을 정도의 열풍을 일으켰다. 거리에서는 형형색색의 포켓몬을 잡기 위해 스마트폰을 붙들고 뛰어다니는 사람들을 흔히 볼 수 있었다. 포켓몬고는 스마트폰 화면을 통해 가상의 포켓몬이 플레이어가 있는 장소에 나타난 것처럼 보이도록 했다. 포켓몬의 출몰 장소는 버스 정류장, 쇼핑 거리, 공원의 나무 뒤 등 다양했다. 포켓몬고는 10억 회 이상의 다운로드 수를 기록하며, 증강현실이라는 개념과 그 적용 방법을 대중에게 소개했다.

증강현실이란 영상이나 그와 비슷한 것들을 포함한 부가적인 콘텐츠를 통해 실제 현실에 더욱 향상된 경험을 제공하는 것을 말한다. 증강현실 기술의 핵심은 디지털 정보를 사용자의 실제 환경에 통합하는 것이다. 스마트폰이나 태블릿으로 적절한 앱을 사용하기만 하면 된다. 휴대기기의 카메라가 사진이나 패턴을 의식하면, 영상을 재생하거나 정보를 혼합해 넣으라는 명령에 따라 소프트웨어가 실행된다. 따라서 실제 환경을 증강현실과 연결하는 것이다.

포켓몬고 열풍은 플레이어들이 집을 나와 거리에서 가상의 포켓몬을 찾아다니게 만들었다. 이 현상은 소매업자에게 새로운 영감을 주었다. 바로 매장에서 이와 같은 고객 경험을 제공하는 것이다. 증강현실 기술은 상호작용적인 엔터테인먼트에 활용되는 것은 물론, 매장 방문에서 고객이 느꼈던 불편함이나 어려움을 해결하고, 나아가 긍정적인 경험으로 바꾸는 것까지도 가능하게 한다.

선택할 수 있는 제품이 많아질수록 오히려 결정하기는 더 어렵다. 누구나 이런 경험이 있을 것이다. 이 모든 옵션을 시도해보고 싶은 마음에, 쇼핑 경험 자체가 금세 스트레스 받는 상황이 될 수도 있다. 하지만 증강현실을 적용한다면 그럴 일이 없어진다. 증강현실이 선사하는 '마법의 거울'을 통해 고객은 클릭 몇 번으로 제품 컬렉션을 살펴보고, 본인이 입었을 때의 느낌까지 가상으로 볼 수 있다. 클릭 한 번이면 번거로운 과정 없이 얼굴에 가상의 립스틱과 아이섀도를 발라볼 수도 있다. 시간 절약은 물론 재미까지 잡는 방법이다.

온라인 거래의 가장 큰 장점 중 하나는 제품을 쉽게 찾을 수 있다는 것이다. 이 점에 대해서는 오프라인 매장이 밀릴 수밖에 없다. 하지만 가상 세계로부터 도움을 받을 수는 있다. 예를 들어 내비게이션 기술을 이용하는 경우가 있다. 증강현실과 모션 트래킹 기술이 적용된 앱은 마치 GPS처럼 고객에게 효율적인 길을 안내하고, 원하는 제품을 찾을 수 있도록 도와줄 수 있다. 이 기술 역시 시간을 절약해주고, 번거로움을 없애준다.

따라서, 증강현실은 창의적이고 혁신적인 방식으로 마케팅 전략 수립에 사용될 수 있다. 각 경험은 캠페인에 따라 맞춤 구성할 수 있으며, 버튼 하나만 누르면 간단하게 시즌에 따른 변경 사항도 적용된다. 따라서 캠페인 준비를 적당히 마친 후라면 다음 달 혹은 다음 시즌으로, 예를 들어 여름에서 가을로 한 번에 넘어갈 수 있다.

디지털화 시대에서 살아남기 위해서는 창의력을 발휘해야만 한다. 증강현실 기술은 경쟁사를 따라잡거나, 나아가 앞서가는 데에 도움이 될 수 있다. 게다가 기초 프로그램이 저렴한 편이라 적은 예산으로도 사용할 수 있다. 프로그램의 수는 중요하지 않지만, 창의력을 발휘해 고객 경험에서 취약점을 발견해 긍정적인 브랜드 이벤트로 전환하는 것은 필수적이다. 또한 이러한 프로그램을 개발할 때 전문적인 방식을 채택하는 것이 중요하다. 새로운 기술 사용을 제안하려면 고객에게 그를 통해 긍정적인 경험을 제공할 것을 약속해야 하기 때문이다.

CALL TO ACTION

- 고객 여정의 어떤 부분이 증강현실을 통해 개선될 수 있는지 알아내라.

- 고객 여정에서 해당 부분에 증강현실 개념을 적용하면 어떻게 보일지 고려하라.

- 기술을 적용하는 이유는 단순히 그 기술을 보유하기 위해서가 아닌, 고객에게 실질적인 부가가치를 제공하기 위해서여야 한다.

"
디지털화 시대에
살아남기 위해서는
창의력을
발휘해야만 한다.
„

자라 ZARA

스타일 쇼핑

2018년에 자라 매장 창가 앞을 지나간 적이 있다면, 상품이 진열되어 있지 않은 광경에 놀랐을 것이다. 굵은 글씨로 쓰인 '증강현실 매장에서 스타일 쇼핑하세요'(스타일 쇼핑은 온라인 쇼핑몰에서 화보를 보며 거기에 등장하는 상품을 선택하여 정보를 확인하고 사는 것을 말한다.—옮긴이)라는 말과 그 방법에 대한 간단한 지시 사항뿐, 그 외에는 아무것도 없었다. 스마트폰에 자라 앱을 다운받은 후 카메라로 매장의 유리창을 비추면, 실제 매장을 배경으로 한 가상의 패션쇼가 스크린에 펼쳐진다.

이와 같은 증강현실 경험은 전 세계 100개 이상의 매장에서 제한된 기간 실행되었다. 앞서 언급한 매장 유리창 외에도, 앱에서는 매장 내 연단이나 온라인 주문 제품을 배송하는 상자와 같은 부분들에 애니메이션을 적용했다. 매장에서 전시된 바로 그 복장을 착용한 모델의 홀로그램도 매장 내에서 볼 수 있었다. 7초에서 12초 사이의 시퀀스에서 모델은 포즈를 취하고, 고객에게 말을 걸기도 했다. 이제 '스타일 쇼핑'을 클릭하면 곧바로 제품을 온라인에서 주문하거나, 매장에서 픽업할 수 있다. 고객들은 앱을 통해 홀로그램의 사진을 찍고, 소셜 미디어에 공유하도록 장려됐다.

자라 SA는 세계 최대 의류업체 중 하나인 인디텍스 그룹Inditex Group에 속한 스페인의 패스트패션 소매업체다. 1975년에 설립되었으며, 현재 100여 개의 시장에 2250개 매장을 가지고 있다. 자라는 대응성이 높은 뛰어난 공급망을 갖춘 브랜드로 유명하다. 제품이 디자인되면, 매장에 도착하기까지 10~15일밖에 걸리지 않는다. 자라는 여성복, 남성복, 아동복을 판매하며, 최신 패션 트렌드에 관심이 많은 여성과 남성을 타깃으로 삼는다.

크게 생각하라. 이러한 증강현실 경험을 구현하기 위해 약 167제곱미터의 무대에 카메라를 68대나 설치해야 했다. 가상의 모델 시퀀스는 언제든 현실로 불러올 수 있도록 무대 위에서 창작되었다. 이를 위해 매장에는 와이파이 네트워크도 설치됐다.

자라는 증강현실 기술을 오프라인 소매업에서 새롭게 활용하는 인상적인 방법을 제시했다. 고객들은 활발하게 상호작용할 수 있었으며, 거의 실제와 같은 패션쇼의 매력을 경험할 수 있었다.

샬럿 틸버리는 영국의 메이크업 아티스트이자 메이크업 및 스킨케어 브랜드인 샬럿틸버리 뷰티Charlotte Tilbury Beauty, 이하 샬럿틸버리의 창립자, 대표이사, 회장 그리고 최고 크리에이티브 책임자다. 샬럿틸버리는 로스앤젤레스, 런던, 카타르, 두바이, 아부다비, 쿠웨이트, 홍콩에 8개 매장을 보유하고 있다. 멀티브랜드 스토어나 전자상거래 사이트에서 제품이 판매되는 경우까지 포함하면 영국, 북아메리카, 유럽, 중동, 아시아까지 진출한 셈이다. 현재 샬럿틸버리 유한회사는 약 1000명의 직원을 고용하고 있다.

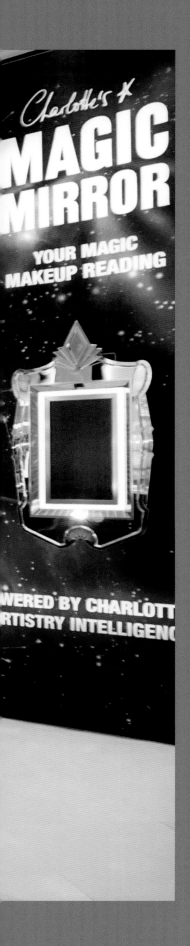

샬럿틸버리 **CHARLOTTE TILBURY**

스타일링 시뮬레이션

》》》

이 회사의 창립자인 샬럿 틸버리는 수많은 대형 브랜드, 셀러브리티, 모델들의 메이크업 아티스트로 일해왔다. 그의 작품은 『보그Vogue』나 『베니티 페어Vanity Fair』와 같은 탑 매거진의 표지를 장식한다. 그의 뷰티 및 스킨케어 브랜드는 론칭과 동시에 큰 성공을 거뒀다. 샬럿틸버리의 제품은 처음부터 뷰티 튜토리얼을 통해 강한 디지털 프레즌스를 가졌다. 신기술에 대한 이런 애착은 매장에서도 반영된다. 매장에는 아주 정교한 증강현실 기술을 활용한 '매직미러Magic Mirror'가 고객들을 위해 준비되어 있다.

고객은 대표적인 '틸버리 스타일' 10가지 중 하나를 골라 매장에서 예약제로 메이크업을 받을 수 있다. 이 과정에서 선택의 어려움을 겪는 고객들을 위해 매직미러가 마련되었다. 고객이 거울 앞에 앉아 스타일을 고르기만 하면, 개개인의 얼굴에 맞춰진 사실적이고 섬세한 시뮬레이션이 나타난다. 증강현실을 통해 실시간으로 입술, 눈 등에 전반적인 메이크업을 적용할 수 있다. 1분이 조금 안 되는 시간 동안 10개의 스타일을 동시에 나란히 띄워놓고 볼 수도 있다. 이렇게 하면 어떤 스타일이 가장 잘 어울릴지 결정하는 과정이 훨씬 쉬워진다.

고객은 얼굴을 이리저리 돌려보거나, 눈을 깜박이거나, 화면에 가까이 가서 디테일을 확인할 수 있다. 고객이 선택한 스타일이 모든 움직임을 놓치지 않고 따라가기 때문이다. 버튼 하나만 누르면 전체 제품군을 가상으로 커스터마이징할 수 있다. 생성된 스타일은 저장해두었다가 다른 스타일과 비교할 수도 있고, 소셜미디어에 곧바로 업로드할 수도 있다. 거울에는 자신의 주관적인 취향을 믿지 못하는 고객들을 위해, 알고리즘을 바탕으로 각 고객에게 어울리는 스타일을 추천해주는 인공지능 시스템도 탑재되어 있다.

이 증강현실 기술은 메이크업 아티스트들과의 긴밀한 협업을 통해 개발되었다. 이를 통해 제품을 적절히 사용하는 방법과 거울에서 자연스럽게 보이도록 하는 방법을 이해할 수 있었다. 쉬운 일은 아니었다. 색상, 모양, 피부 톤, 얼굴 인식 등의 요소들을 디지털상에서 대응시키는 과정은 몇 개월에 걸쳐 완성될 수 있었다. 샬럿 틸버리의 매직미러는 무수히 많은 장점을 제공한다. 고객의 의사 결정 과정에 도움을 주고, 판매 촉진을 위한 테스터 상품을 대체하며, 기존 방식에 비해 훨씬 위생적이기도 하다. 매직미러는 상업적인 측면 외에도 정서적인 측면으로도 성공적이었다고 할 수 있다. 고객과 브랜드를 연결하는 재미있는 방법이었기 때문이다.

2. 가상현실

로켓을 타고 달로 날아가고, 무중력을 경험하고, 우주비행사 닐 암스트롱의 아폴로 11호 탐사에서처럼 달 표면을 뛰어다니는 것은 많은 이의 꿈이다. 적어도 어린이들에게는 말이다. 어른들은 그보다는 조금 더 소박한 꿈을 꾼다. 예를 들어, 빙하나 눈 덮인 산 위, 3700미터 상공에서 패러글라이딩하기 같은 것들이 있겠다. 이렇게 버킷리스트에 쓰여 있는 것 중에 실제로 달성할 수 없는 것이 있을지도 모른다. 하지만 가상현실은 어떤 꿈도 이뤄줄 수 있다. 가상현실 세계에서는 실제는 아니더라도 어디든 갈 수 있고, 무엇이든 할 수 있다.

가상현실은 사용자가 들어가서 움직일 수 있는, 인공으로 만들어낸 현실을 말한다. 증강현실과는 다르게 실제 환경을 반영하지 않는다. 대신, 가상현실은 그 어떤 환경이든 구현해낼 수 있다. 비디오 게임에도 똑같은 기술이 사용된다. 3D 모델 객체를 어디에나 삽입할 수 있으며, 적절한 프로그래밍이 뒷받침된다면 사용자와 상호작용을 할 수도 있다. 360도 카메라로 촬영한 실제 영상 데이터를 활용할 수도 있다. 하지만 이 경우에는 사용자의 상호작용 범위가 아주 좁아진다. 증강현실과 또 다른 점은, 가상현실은 스마트폰에서 바로 사용할 수 없다는 것이다. 가상현실

안경이 필요하기도 하고, 가상의 공간에서 상호작용을 하기 위해서는 별도의 입력 장치가 필요하기 때문이다.

가상현실 기술은 오프라인 소매업에 많은 기회를 제공한다. 이 기술을 통해 고객에게 추가적인 매장 내 경험을 제공할 수 있다. 예를 들어, 뉴욕 패션위크롤 맨 앞줄에서 구경하는 가상 경험을 만들 수 있다. 여기에서 모델을 통해 자연스럽게 자사 제품을 보여주는 것이다. 가상현실은 경험 마케팅에 있어 혁명이라고 할 수 있다. 재미있고 독특한 경험을 통해 고객과 브랜드 사이의 관계가 형성되는 것이다.

가상현실을 이용해 재미있는 방법으로 제품 튜토리얼을 제공할 수도 있다. 제공되는 제품을 이용하는 방법에 대한 교육용 영상을 제작하는 것이다. 이를 통해 고객에게 정보를 더 잘 전달하고, 직원을 보다 효과적으로 교육할 수 있다.

일부 제품은 매장 혹은 다른 실제 환경에서 사용해보기가 어렵다. 이런 상황에도 가상현실 기술을 다양한 방법으로 적용할 수 있다. 예를 들어 전체적인 방 분위기에 가구가 어울리는지 보여주거나, 자체 구성된 자동차 모델로 시범 운전을 하는 경우가 있다. 이렇게 원하는 제품을 가상으로 테스트함으로써 고객은 의사 결정 과정을 수월하게

할 수 있다. 판매되는 제품을 재미있는 경험과 밀접하게 연관시키는 것은 고객에게 정서적 차원에서 호소하는 것을 효과적으로 만든다.

반품은 소매업에서 아주 중요한 부분이다. 오늘날 오프라인 사업에서 10퍼센트 정도의 제품이 반품되며, 온라인 사업에서는 그 비율이 2~3배 더 높다. 여기에서 가상현실을 활용해보자. 가상현실에서 고객이 제품을 사용해보게 한 결과 반품 횟수는 눈에 띄게 줄어들었다.

가상현실의 또 다른 장점은 판매 영역을 가상으로 확대하고, 실제로 필요한 공간을 줄일 수 있다는 것이다. 가구 산업을 예로 들어보겠다. 폭넓은 제품군을 전시하기 위해서는 넓은 전시 공간이 필요하다. 가상현실 기술을 사용하면, 공간 임대에 큰 비용을 들이지 않고도 전시 공간의 면적을 무제한으로 조정할 수 있다. 또한 모든 제품을 현장에 준비해두지 않아도 된다. 잠재 고객은 실제 제품 샘플을 보지 않고도 가구 라인 전체를 훑어보고, 홈 인테리어에 대한 영감을 얻을 수 있다. 이를 통해 생산 및 전시용 샘플, 물류, 보관, 임대 등에 들어가는 비용을 크게 절감할 수 있다.

나아가 가상현실 프로그램은 고객의 물리적인 반응을 추적해 고객 행동에

대한 정보를 제공할 수도 있다. 예를 들어, 가상의 환경에서 고객이 제품과 어떻게 상호작용하는지를 분석하는 것이다. 이와 같은 고급 정보는 소매업자에게 좋은 기회를 제공한다. 증강현실 시스템과 마찬가지로, 새로운 컬렉션이나 시즌으로 변경하기 위해서는 버튼 하나만 누르면 된다. 가상현실 기술을 이용하면 매장과 관련된 모든 사항을 매일매일 힘들이지 않고도 사전에 조정하고 바꿀 수 있다.

가상현실 경험은 고객 유지에 있어서 거의 최고의 방법이다. 브랜드와의 재미있는 상호작용은 고객에게 기억에 남는 경험이 된다. 이때, 타깃 그룹의 관점에서 세심하고 구체적으로 프로그램을 구현할 수 있도록 주의해야 한다. 고객의 니즈와 희망 사항이 충분히 고려되도록 하라. 기술 자체가 아닌 타깃 그룹에 집중해야 한다.

CALL TO ACTION

- 판매 시점에서 가상현실이 제공하는 부가가치가 무엇인지를 고객의 시각에서 정의하라.
- 고객이 가치를 쉽게 이해할 수 있으며, 기술을 직관적으로 사용할 수 있도록 하라.
- 무엇보다도, 가상현실을 사용하는 것은 재미있어야 함을 기억하라.

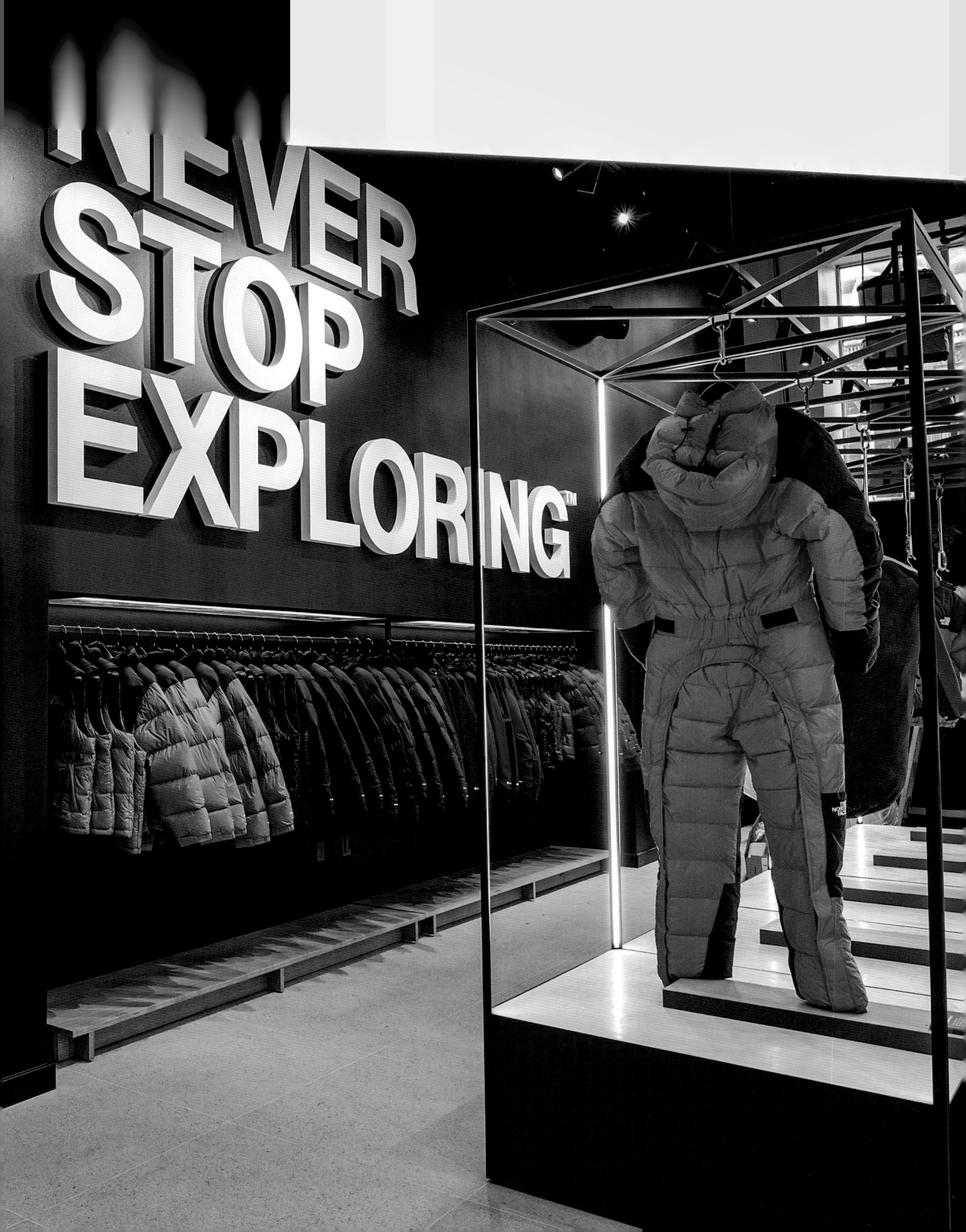
NEVER
STOP
EXPLORING™

노스페이스 **THE NORTH FACE**

대도시에서 사막 탐험

≫ ≫

노스페이스THE NORTH FACE는 1966년, 미국 샌프란시스코에서 등산 장비 소매점으로 시작했다. 2000년부터는 VF 코퍼레이션에 소속되어 캘리포니아주 앨러미다에 본사를 두고 있다. 노스페이스는 고성능 의류, 신발, 장비와 액세서리를 취급하는 아웃도어 브랜드로, 1000명가량의 직원을 두고 있으며 전 세계 3500곳에서 제품을 판매 중이다. 타깃 그룹은 18~34세의 남녀로, 그중 특히 남성에 집중한다.

노스페이스의 목표는 사람들이 자연에 관심을 갖도록 하고, 노스페이스의 수많은 탐험 중 하나에 동참하도록 하는 것이다. 하지만 도시 속 쇼핑몰에서 어떻게 이런 영감을 줄 수 있을까? 노스페이스는 스스로에게 이 질문을 던졌다. 해답은 자연경관이 유명한 미국의 두 장소로 고객들이 가상 탐험을 떠나도록 초대하는 것이었다. 첫 번째 장소는 캘리포니아주 시에라네바다 산맥에 있는 아름다운 요세미티 국립공원이고, 두 번째 장소는 거대한 붉은 암석 지형을 자랑하는 유타주의 모압 사막이다. 최대한 많은 고객이 탐험에 참여하게 하려고, 숨 막히는 가상현실 체험이 만들어졌다.

이 가상현실 경험을 통해 고객은 매장에서 장비를 테스트해본 후, 노스페이스 소속 선수 시더 라이트와 샘 엘리아스와 함께 모험을 떠날 수 있다. 두 사람이 밧줄을 준비해 올라가고, 다음날의 계획을 세울 때 실제로 옆에 있는 듯한 느낌을

받을 수 있다. 고객이 헤드셋을 착용하면 실제로 그곳에 있는 것처럼 어느 방향이든 둘러보고, 모험의 모든 순간을 경험하며 동작을 취할 수 있다.

가상현실 경험에 생명력을 불어넣어준 것은 프로그래밍 제작에 들인 고급 인력과 장비였다. 이 콘텐츠를 제작하기 위해 많은 운동선수와 영화 제작자들이 노스페이스와 함께 현장에서 일했다. 모든 것이 360도 카메라, 입체 3D 카메라, 고급 3D 음향 마이크로 녹음 및 촬영됐다.

가상현실을 통한 노스페이스의 사실적인 스토리텔링은 체험자들이 가상의 세계에 몰입하고, 그 속에서 장비를 테스트하는 것을 즐길 수 있도록 했다. 이 경험을 통해 고객은 자연 탐사라는 주제, 더 나아가 노스페이스 브랜드와 밀접한 관계를 맺게 됐다. 사람들은 이렇게 정서적인 유대 관계가 있는 브랜드로부터 제품을 구매하는 것을 선호한다.

"기술 자체가
아닌
타깃 그룹에
집중하라."

로우스 LOWE'S

수상 경력에 빛나는 '홀로룸'

로우스 컴퍼니 주식회사 Lowe's Companies, Inc.는 포춘 선정 50대 주택 개조 회사로, 미국과 캐나다에서 일주일에 1800만 명 이상의 고객에게 서비스를 제공하고 있다. 로우스와 관련 사업들은 2200건이 넘는 주택 개조 공사와 철물점 서비스를 제공하며, 약 30만 명의 직원을 고용 중이다.

연구 결과에 따르면, 고객들은 혼자서 끝낼 자신이 없기 때문에 DIY 프로젝트를 잘 시작하지 않는다. 로우스의 '이노베이션 랩Innovation Labs'은 이런 고객들에게 주택 개선 프로젝트와 공구에 대한 실습 경험을 제공하기 위해 몇 가지 프로토타입을 개발했다. 이 프로토타입은 시각, 촉각, 청각 요소들을 결합해 몰입감을 준 포괄적이고 다중감각적인 가상현실 경험이다.

로우스의 고객은 '홀로룸 하우투Holoroom How To'에서 기본적인 DIY 기술을 배울 수 있다. 그들은 재미있게 상호작용하는 가상현실 환경에서, 필요한 재료부터 완성하기까지 각 단계별로 모든 것을 배울 수 있다. 예를 들어, 한 프로그램은 샤워실에 타일을 붙이는 방법을 알려준다. 이렇게 새로운 교육 방법을 통해, 고객은 혼자서도 프로젝트를 완성할 수 있는 지식과 자신감을 얻을 수 있다.

또한 로우스의 이노베이션 랩은 '구매 전 체험 기회Try Before You Buy'에 대한 고객의 니즈를 혁신적인 방법으로 만족시키는 콘셉트를 만들었다. '홀로룸 테스트 드라이브Holoroom Test Drive'를 통해, 고객들은 가상의 차고나 뒷마당 등의 환경에서 전정기와 같은 전동 공구를 사용해볼 수 있다. 최대한 현실적인 경험을 위해, 고객이 실제로 공구를 사용할 때의 느낌을 줄 수 있는 맞춤형 제어 시스템으로 공구의 실제 무게를 구현할 수도 있다. 고객들은 여기에서 새로운 제품을 사용해볼 수 있을 뿐만 아니라, 의사 결정 과정을 쉽게 하기 위해 전문가에게 팁을 받기도 한다.

이 콘셉트는 여러 매장에서 성공적으로 실행되고 있으며, 최고의 비즈니스 솔루션으로 2018 증강현실 월드 엑스포에서 어기 어워드Auggie Award를 수상했다.

 # CALL TO ACTION

- 고객 여정의 어떤 부분이 증강현실을 통해 개선될 수 있는지 알아내라.

- 사업 프로세스와 고객의 구매 과정에서 취약점을 찾아라.

- 이런 취약점을 없애는 데 활용할 수 있는 정보가 무엇인지 자문하라.

- 취약점 해결을 위해, 원하는 정보를 생성하고 제공할 수 있게 해주는 시스템에 대한 전문가의 조언을 적극 활용하라.

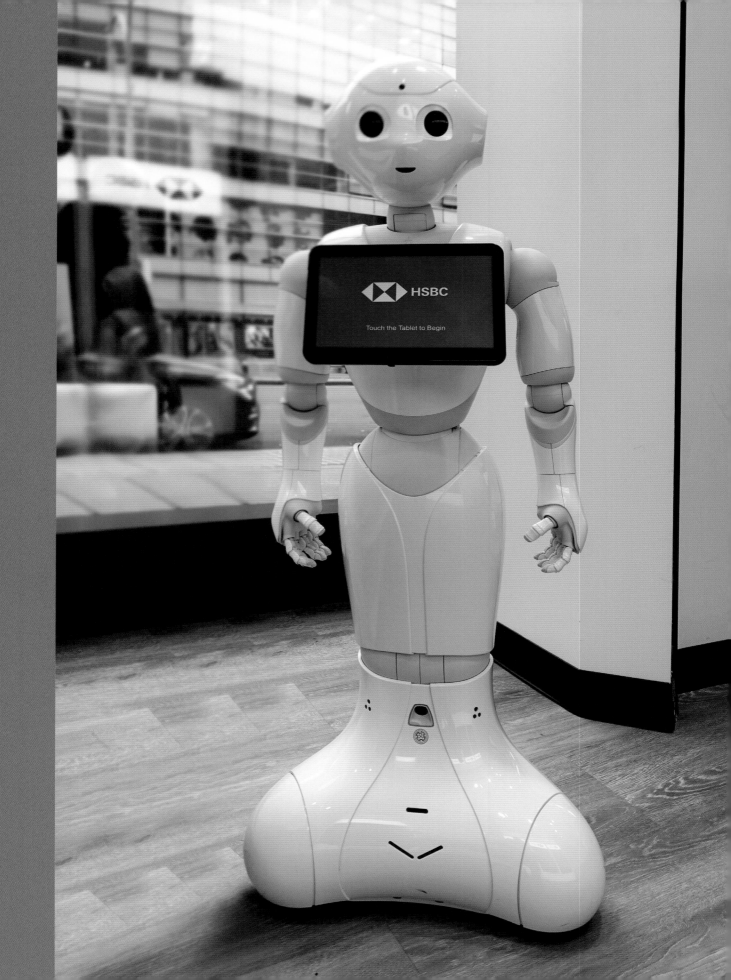

HSBC HSBC

페퍼와의 만남

HSBC는 1865년 홍콩에서 설립된 다국적 은행 및 금융 서비스 회사다. 소매은행 및 자산관리, 상업은행, 글로벌 시장 금융, 글로벌 개인 은행, 이렇게 4개의 글로벌 사업 영역을 두고 있다. HSBC는 유럽, 아시아, 중동, 아프리카, 북아메리카, 라틴아메리카에 걸쳐 65개국에 지사를 운영하며 24만 명 이상의 직원을 고용하고 있는 세계 최대의 은행 및 금융 서비스 기관 중 하나다.

HSBC는 소매은행 업무에 있어서 '미래의 은행'이 되기를 바라며, 이 비전을 실현하기 위한 단계를 밟아나가고 있다. 고객에게 일어난 가장 큰 변화는, 호감 가는 소셜 휴머노이드 로봇 페퍼가 HSBC 은행 지점에 도입된 것이다. 이 작은 친구는 상당히 도움이 될 뿐만 아니라, 큰 눈을 가진 외모로 귀엽기까지 하다.

페퍼는 가슴에 태블릿을 부착하고, 바퀴를 사용해 혼자 움직일 수 있는 휴머노이드 로봇이다. 사람을 위해 만들어진 로봇이므로, 페퍼에게는 팔과 손이 있어 악수도 할 수 있다. 페퍼는 지식이 풍부하고 고객에게 기본적인 제품 정보를 제공할 수 있으며, 부착된 터치스크린을 통해 은행 업무를 셀프로 처리할 수 있는 옵션도 갖췄다.

HSBC 매장에 들어서면 페퍼가 친절하게 고객을 맞아주며, 몇 가지 질문으로 고객의 필요를 알아낸다. 대화 과정에서 페퍼는 고객의 선호, 특성, 습관에 대한 데이터를 수집해 그에 따른 맞춤 답변을 내놓는다. 필요한 경우 은행 직원들에게 정보를 전달함으로써 팀이 고객과의 의사소통 과정에서 핵심 포인트에 집중할 수 있도록 도와주는 등 직원들에게는 동료와 같은 역할을 한다. 페퍼는 이렇게 디지털과 현실 세계를 통합하며 직원을 돕는다. 동료들의 일자리를 뺏지는 않으니 걱정하지 않아도 된다. 일상적인 작업을 처리함으로써 프로세스를 더욱 효과적으로 만드는 것뿐이다. 이를 통해 시간을 절약하면 모든 사람에게 도움이 된다. 한 가지 더, 페퍼는 고객 데이터나 개인 금융 정보에 액세스할 수 없다.

페퍼는 문장, 눈, 보디랭귀지를 통해 소통할 수 있는데, 고객들은 페퍼와 소통하는 것을 매우 재미있어 한다. 페퍼는 기억에 남고, 유익하고, 언제나 친절하고, 긍정적이며, 전문적이다. 이것만으로도 매장 방문은 잊을 수 없는 특별한 경험이 된다. 소셜 네트워크에 소개된 이후 로봇계의 스타가 된 것은 어찌 보면 당연한 일이다. HSBC는 고객들에게 페퍼와 사진을 찍어 #페퍼와의만남, #페퍼와포즈취하기 같은 해시태그와 함께 공유하도록 하는 캠페인을 실행했다.

HSBC는 개인 은행 업무를 위해 로봇 기술을 도입한 미국 최초의 금융기관이다. 그 이래로 ATM에서의 거래량과 새로운 신용카드 발급 건수가 증가했다. 뉴욕 매장만이 해마다 60퍼센트가량의 성장을 이뤄냈다.

아마존AMAZON은 세계 최대 전자상거래 회사이며, 본사는 미국 워싱턴주에 있다. 1994년에 설립되어, 현재 약 65만 명의 직원을 고용하고 있다. 아마존 최초의 실제 서점인 아마존북스 Amazon Books는 2015년 워싱턴주 시애틀에 처음 문을 열었는데, 지금은 약 20개의 서점이 있다. 평균 371~929제곱미터 크기의 매장에서 책, 태블릿, 스마트홈 기기를 판매하고 있다.

아마존북스 AMAZON BOOKS

욕구를 파악하는 알고리즘

》》》

소비자는 구매 결정을 내릴 때 친구, 가족, 제품 리뷰와 같은 조언에 의존한다. 이렇게 구매에 대한 조언을 원하는 고객들은 인공지능을 점점 더 많이 이용하고 있다. 데이터 기반 지식을 통해 소매업체는 맞춤화 작업에 더 집중할 수 있으며, 고객에게 가장 적합한 제품을 추천하기 위한 솔루션을 개발할 수 있다. 특정 주제와 관련된 도서 중 가장 좋은 리뷰를 받은 책이 무엇인지 누가 알고 있을까? 바로 아마존닷컴이다. 따라서, 아마존북스 역시 이에 대한 정보를 제공할 수 있다.

온라인 거대 기업인 아마존이 이용할 수 있는 데이터는 그야말로 엄청나다. 여기에서 아마존북스에 대한 기본 콘셉트가 출발했다. 가장 잘 팔리고, 인기 있는 책을 오프라인 매장에 들여오기 위해 정교한 시스템이 사용된다. 아마존은 이러한 데이터에 따라 고객이 현재 원하는 것을 정확하게 제공할 수 있다.

제품 목록을 선택하고 분류하는 방식조차도 사람의 손길이 닿는 고객 데이터를 기반으로 한다. 매장의 모든 제품은 별점 4점 이상이거나, 베스트셀러거나, 아마존닷컴에서 뜨고 있는 것들이다. 소설, 어린이, 청소년, 요리, 전기 등 여느 서점과 같은 주제로 분류되어 통로가 나뉘어 있다. 또한 아마존에서 수집한 데이터를 바탕으로 도서를 선별한 아마존 특별 영역도 있다. '이 책을 재미있게 읽었다면, 이 책도 마음에 드실 거예요.' 혹은 '아마존닷컴에서 가장 위시리스트에 많이 담긴 책'과 같은 데이터를 사용한다.

물론, 아마존북스는 상대적으로 적은 수의 서적을 보유하고 있다. 또한 특정 도서에 대한 재고량도 정해져 있지 않다. 하지만 아마존북스는 전반적으로 준비가 잘 되어 있으며 매우 혁신적이다. 모든 책에는 아마존의 별점과 발췌된 고객 리뷰를 담은 카드가 붙어 있다. 여기에 디지털 가격표를 사용해 고객이 매장 내 모든 제품의 가격과 프라임 멤버십 가격, 프라임 멤버십 할인, 평균 별점, 제품에 등록된 리뷰 수까지 알 수 있도록 했다. 매장 곳곳에 가격표 스캐너가 놓여 있다. 아마존 프라임 멤버십 회원이라면 매장에서 책을 구입할 때 온라인상의 가격을, 비회원이라면 때때로 더 높은 가격을 지불하면 된다.

아마존닷컴의 확장 사업으로 아마존북스가 등장한 것은 필연적인 결과라고 할 수 있다. 인공지능 덕분에 고객은 찾고 있던 바로 그 제품 혹은 마음에 들 만한 제품을 발견할 수 있다. 아마존의 인공지능이 고객 스스로 알아차리기도 전에 그들의 욕구를 먼저 파악하기 때문이다.

"
고객 기대를
미리 알면,
최고의
쇼핑 경험을
선사할 수 있다.
"

유니클로 UNIQLO

구매 결정을 도와주는 '뉴로 헤드셋'

유니클로 주식회사UNIQLO CO. LTD.는 1949년 일본에서 설립되었다. 패스트 리테일링Fast Retailing 주식회사의 자회사이며, 전 세계 2200개가량의 매장에 4만 4000명 이상의 직원을 고용하고 있다. 매장의 평균 면적은 1580 제곱미터 정도이며, 유니버설한 디자인과 편의성을 갖춘 혁신적인 고품질 의류를 판매한다.

선택의 폭이 너무 클 때, 우리는 종종 다른 사람이 대신 결정을 내려주기를 바란다. 우리가 원하는 것이 무엇인지 정확히 아는 누군가가 있다면 말이다. 유니클로는 바로 이 소망을 실현했다. 티셔츠 디자인이 600가지가 넘을 때, 그중 어떤 것이 개개인의 특성과 개성에 맞는지를 결정하는 것은 부담스럽기 마련이다. 유니클로는 이런 고민에 대한 해결책으로 개인의 기분에 따라 의류를 추천하는 인공지능, 'U무드UMood'를 제시했다.

U무드 뒤에는 정확히 어떤 기술이 있을까? 일부 유니클로 매장에는, 일정 기간 인공지능 기술이 적용된 U무드 키오스크가 설치되어 있었다. 고객은 뇌파 측정을 위해 뉴로 헤드셋을 착용했다. 고객이 이미지나 비디오 등의 다양한 미디어를 시청하는 동안 스스로 인지하지 못하는 신경 반응이 일어나면, 흥미, 스트레스, 집중, 졸림의 영역에서 뇌 활동을 측정했다. 이 데이터는 실시간으로 유니클로의 알고리즘에 따라 평가된다. 고객의 현재 기분이 분석되면, 알고리즘은 이에 맞는 유니클로 티셔츠를 몇 장 선택했다.

이 경험은 사실 일상생활 전반에 적합하지 않을 수 있고, 구매 결정에 지속적인 도움을 주는 것도 아니다. 하지만 이 매장 내 기술을 통해 유니클로는 고객에게 새로우면서도 개인적인 경험을 제공할 수 있었다. 신경과학과 인공지능을 기반으로 하는 '스타일리스트'를 만들어낸 것이다.

H&M H&M

인공지능과 빅데이터를 통한 트렌드 스카우팅

헤네스앤모리츠Hennes&Mauritz AB는 여성, 남성, 청소년 및 어린이를 위한 패스트패션 의류를 제공하는 스웨덴 체인점이다. 1947년 스톡홀름에서 설립되었으며, 지금도 같은 곳에 본사를 두고 있다. 60여 국가의 4500개 매장에서 17만 명 이상의 직원이 근무하고 있다. H&M은 세계에서 두 번째로 큰 의류 소매업체로, 패셔너블하고 트렌디한 소비자를 핵심 타깃 그룹으로 잡고 있다.

다른 많은 회사와 마찬가지로, H&M 역시 매출 감소로 어려움을 겪고 있다. 이를 바꾸고자 H&M은 인공지능에 거액을 투자했다. 보다 효율적인 공급망을 만들고, 재고 수준과 상품 관리를 최적화하고, 트렌드를 더 잘 예측하기 위함이었다. 이런 트렌드 스카우팅trend scouting(보통 '현장'에 투입해 두드러진 모드와 행동 패턴을 파악하여 '보고서'를 제출하는 고전적인 방법이다.—옮긴이)의 노력으로 H&M은 1년 만에 막대한 매출 증가를 이뤄냈다.

여타 패스트패션 소매업체와 마찬가지로, H&M은 가능한 한 빨리 트렌드를 예측해야 한다는 압박에 시달린다. 저렴한 가격대로 인해 이윤이 적게 남기 때문에, 잘 팔리지 않는 제품군은 사업에 큰 문제가 된다. 일단, 팔리지 않은 재고를 이동하는 데 추가 비용이 든다. 이동한 곳에서도 팔리지 않는다면 제품을 할인해야 하는데, 여기에 드는 비용 때문에 이윤이 감소한다. 오늘날 H&M은 대량의 데이터와 인공지능을 이용해 패션 트렌드와 선호도를 예측한다. 이로 인해 잘 팔리지

않는 제품을 울며 겨자 먹기로 할인하는 일을 줄일 수 있다. 과거에는 모든 매장이 거의 동일한 제품군을 보유하고 있었기 때문에, 많은 매장에서 전국적인 수준의 재고 할인이 빈번하게 일어났다. 오늘날 H&M은 지역별 고객에게 맞게 수요와 공급을 정확하게 조정함으로써 이런 문제를 해결한다. 이를 위해 인공지능 시스템 알고리즘이 구매, 반품, 고객 카드 데이터 등의 정보를 분석하며, 따라서 지역별 고객의 수요에 따라 각각의 재고량을 맞출 수 있다. 이를 통해 H&M은 적절한 상품을 적절한 매장에 배치할 수 있게 됐다.

인공지능에 대한 투자는 두말할 것 없이 회사를 위한 올바른 조치였다. 이제 데이터와 인공지능 알고리즘으로 트렌드를 보다 정확하게 예측하고, 판매 계획을 세우고, 공급망과 공급 프로세스를 최적화할 수 있게 됐다. 이런 변화의 대부분은 고객이 알아차리기 어렵다. 하지만 이는 고객이 원하는 제품의 매장 재고량을 최적화함으로써 긍정적인 쇼핑 경험을 만드는 데 기여한다.

4. RFID
: 무선 주파수 식별 기술

옛날 라디오가 소매업을 끌어올리는 새로운 스마트 기술과 무슨 관련이 있을까? 라디오에서 나오는 전파는 '무선 주파수 식별' 기술에 사용되어 소매업에 도움을 준다. RFID 기술에서, 전파는 태그라고 불리는 작은 칩들로부터 데이터를 수집하는 데 이용된다. 무선 신호를 해독하고 전송하는 판독 장치가 사용된다는 말이다. 태그가 근처에 있으면 신호를 수신하고, 판독 장치에 메시지를 다시 전송해 태그를 식별한 후, 그 안에 포함된 데이터를 수신한다. 휴대용 스캐너나 도어 스캐너는 물론, 휴대폰도 판독 장치로 쓰일 수 있다. 태그는 스마트카드, 키링, 스티커 등에 내장할 수 있는 작은 칩이다.

RFID 기술을 오프라인 소매업에 사용하면, 재고를 매우 빠르고 정확하게 파악할 수 있다. 재고 목록을 만들 때 제품을 직접 세거나 각 제품을 수동으로 스캔하는 것은 시간도 많이 들고, 인건비 지출도 크다. RFID 스캐너는 0.3미터 반경 이내의 태그를 읽고, 초당 수백 개의 태그를 인식할 수 있다. RFID 스캐너를 영구적으로 설치하면 재고량을 실시간으로 모니터링할 수도 있다. 이

를 통해 언제나 고객을 위해 충분한 재고를 준비해둘 수 있다.

이 기술을 사용하면 제품의 이동 여부와 그 위치를 정확하게 추적하는 것이 가능하다. 슈퍼마켓에서 쇼핑카트에 RFID 태그를 부착하는 경우, 쇼핑카트가 매장이나 특정 구역을 벗어난 시간은 물론, 반납된 시간까지 알 수 있다. 따라서, 태그를 통해 주차장에 고객을 위해 쇼핑카트가 충분히 준비돼 있는지에 대한 정보도 제공받을 수 있다. 이 기능은 절도 방지에도 사용된다. 지불 정보와 개별 상품 ID를 대조하면, 계산되지 않은 상품이 출구 리더를 통과하는 즉시 도난 경보가 발동된다.

RFID 기술을 통해 자동 결제 프로세스도 사용할 수 있다. 고객은 휴대폰 앱으로 제품을 스캔한 후 구글페이나 애플페이와 같은 결제 시스템을 이용해 자동으로 결제할 수 있다. 혹은 모든 제품을 동시에 스캔한 후 계산대를 지나면서 카드로 결제하는 것도 가능하다. 이를 통해 고객은 고객 친화적인 쇼핑을 경험하고 시간도 절약할 수 있다.

RFID는 마케팅과 관련해 새로운 가능성을 제공한다. 매장 내 POS 광고 자

료의 태그에 고객에게 유용한 데이터를 넣어두는 것이다. 휴대폰에서 해당 기능을 지원하는 앱을 사용하면 정보를 검색할 수 있다. 이 정보의 예시로는 자세한 제품 사양, 재고 유무, 매장에서 바로 사용할 수 있는 할인 쿠폰과 같은 것들이 있다.

고객이 신용카드, 직불카드 또는 고객 할인카드로 지불할 때, 구매 내역은 수집된 RFID 데이터와 연결 가능하다. 이렇게 모든 고객의 동향을 정확하게 파악하면 고객 행동을 이해하고 그에 맞게 쇼핑 경험을 개선할 수 있다. 수집된 정보는 매장의 레이아웃 최적화, 고객의 이동 경로 수정, 개별 제품의 재배치 등에 이용된다.

오늘날에는 RFID 기술을 구현하는 것은 비교적 저렴하다. 하지만 판매자와 제조업체의 협력이 필요하며, 제품에 이미 RFID 태그가 부착되어 있거나 소급해서 추가된 경우에만 이 기술을 제대로 사용할 수 있다. RFID 기술은 소매업체에게 새로운 가능성을 열어주고, 고객에게 더 나은 쇼핑 경험을 제공한다.

 # CALL TO ACTION

- 사업 프로세스에 RFID를 적용해 수정할 수 있는 문제점이 있는지 고려하라.

- 소매업체와 제조업체의 모든 제품에 RFID 코드가 있는지 확인하거나, 제품에 태그를 부착할 수 있는 적절한 대안을 찾아라.

- 이 기술의 다양한 기능 중 어떤 기능을 사용하고 싶은지, 어떻게 일상적인 프로세스에 적용할 수 있을지 미리 생각하라.

페페 진 PEPE JEANS

바지의 무선 통신

⟫⟫⟫

모든 사람이 쇼핑을 좋아하지는 않는다. 특히 새 옷을 찾으려고 하는데, 다음과 같은 상황이 벌어질 때 더 그렇다. 마음에 드는 바지를 피팅룸에서 입어 봤는데, 크기가 맞지 않거나 워싱이 마음에 들지 않는 경우가 있다. 이제 고객은 다시 옷을 입고 피팅룸에서 나와, 알맞은 사이즈나 마음에 드는 바지를 찾으러 가야 한다. 적당한 바지를 찾아 피팅룸으로 돌아오면, 또다시 번거롭게 옷을 갈아입어야 한다. 얼마나 지루한 일인가. 이것이 바로 고객이 피팅룸에 한 번만 들어가고, 옷을 한 번만 입어보는 경우가 많은 이유다. 맞지 않는 제품은 매장에 남게 된다.

페페 진의 런던 플래그십 스토어는 좀 다르다. 피팅룸에는 RFID 기술과 터치스크린이 적용돼 있다. 고객이 피팅룸에서 방금 입어본 제품을 걸어두면, RFID 리더가 옷에 부착된 태그의 전파를 인식해 저장된 정보를 불러온다. 반대쪽 벽의 큰 화면에서 각 제품의 크기, 색상, 스타일 등의 정보를 확인할 수 있다.

만약 핏이나 색상이 마음에 들지 않는 경우, 터치스크린을 이용해 곧바로 매장에 있는 다른 제품을 선택할 수 있다. 매장 직원은 시스템을 통해 전달받은 제품을 즉시 피팅룸으로 가져다준다. 따라서 고객은 번거롭게 옷을 갈아입고, 피팅룸을 나오는 일 없이 옷을 바로 입어볼 수 있다. 이는 긍정적인 고객 경험을 보장하는 혁신적인 서비스라고 할 수 있다. 무선 통신 바지라, 이 얼마나 꿈같은 일인가!

데님 브랜드 페페 진PEPE JEANS은 1973년 런던의 포토벨로 로드Portobello Road에서 설립되어, 현재 스페인 마드리드에 본사를 두고 있다. 54개국에 500개 이상의 매장을 보유하고 있으며 약 2300명의 직원을 고용 중이다. 데님과 스트리트웨어는 물론, 액세서리와 신발도 판매한다. 18~40세까지의 여성과 남성, 4~16세까지의 어린이와 청소년 모두를 타깃으로 한다.

메이시스 MACY'S

제품의 위치를 추적하라

미국의 백화점 체인 **메이시스**MACY's는 1858년 뉴욕에서 롤랜드 허시 메이시에 의해 설립되었다. 2015년 이래로, 소매 판매량을 고려했을 때 미국에서 가장 큰 백화점 체인이 되었다. 약 11만6000제곱미터 면적의 뉴욕 지점 플래그십 스토어는 세계에서 가장 큰 백화점 중 하나이기도 하다. 현재 본사를 포함해 미국, 푸에르토리코, 괌에 640개 지점이 있고, 38개의 블루밍데일스Bloomingdale's 매장, 170개의 블루머큐리Bluemercury 매장까지 합쳐 총 13만 명 정도의 직원이 일하고 있다. 메이시스는 온 가족을 위한 다양한 제품을 제공하지만, 핵심 타깃 그룹은 16~34세까지의 중산층 여성으로 설정되어 있다.

상품이 창고 어디에 있는지 모르는 경우가 간혹 있는데, 이것은 상품을 정가에 판매할 기회를 놓치게 한다. 뿐만 아니라 디지털상으로 더 큰 문제가 생길 수 있다. 해당 제품이 '온라인 구매, 매장 픽업'과 같은 문구로 온라인에서 구매 가능 상태로 표시됐다면, 수익도 잃고 고객도 화나게 하는 상황에 처하게 된다. 메이시스는 모든 매장의 모든 제품에 RFID 태그를 부착해 이 문제를 해결했다. 이 방법으로 언제나 각 제품의 정확한 위치를 알 수 있다.

몇 년 전부터, 메이시스는 목적에 따라 RFID 기술을 사용하고 최적화하기 시작했다. 오늘날에는 창고에서 매장에 이르는 소매 공급망 전체에 걸쳐 제품의 위치 추적이 자동화되었다. 태그 덕분에 직원들은 더 이상 지루하게 수동으로 제품을 스캔하지 않아도 된다. 메이시스에서 RFID는 진행 중인 프로젝트가 아닌, 사업 프로세스에 이미 확실히 자리 잡은 기술임을 성과를 통해 확인할 수 있다. 우선 재고 예측 정확도가 크게 향상되어, 재고로 소진되는 제품의 수가 눈에 띄게 줄었다. 이로 인해 프로세스가 개선되고, 매출과 수익이 증가했으며, 고객의 만족도도 높아졌다.

"인터넷에서 '재고 소진'이란 없다."

룰루레몬 LULULEMON

요가와 기술의 만남

룰루레몬 애슬레티카 주식회사 Lululemon Athletica Inc.는 1998년 설립된 캐나다의 스포츠웨어 소매업체다. 본사는 밴쿠버에 있으며 북아메리카, 아시아, 유럽, 오세아니아에 걸쳐 400개가 넘는 매장을 보유하고 있다. 룰루레몬은 요가로부터 영감을 받은 제품을 개발하며, 현재 1만3000명 이상의 직원을 고용 중이다. 룰루레몬 매장에는 기능성 셔츠, 반바지, 바지와 일상복은 물론 여성과 남성을 위한 요가 액세서리도 준비되어 있다.

불과 몇 년 전까지만 해도, 룰루레몬의 창고에는 재고가 남아돌면서 정작 판매 현장에서는 제품이 부족한 경우가 많았다. 이런 경우, 고객이 원하는 제품이나 맞는 크기가 매장에 없으면 고객 경험에 심각한 문제가 됐다. RFID 기술의 사용은 이 문제를 거의 완벽하게 해결했다. 새로운 시스템은 매장과 창고의 재고 정확도는 무려 98퍼센트까지 향상시켰다. 새로운 기술의 도입은 순식간에 일어났다. 우선, 15개국 30개 이상의 공장에서 RFID 태그를 생산하고 코딩했다. 매장 도착 시에 모든 제품에 태그가 부착되어 있도록, 태그가 없는 제품은 유통 센터에서 재작업 과정을 거쳤다. 단 6개월 만에 미국 내 300개의 매장에서 첫 개시가 이루어졌다.

오늘날에는 매장에 상품이 도착하면 가장 먼저 RFID 태그가 판독된다. 제품이 창고 내의 각 영역에서 판매 영역으로 이동하면 곧바로 제품의 상태가 업데이트된다. 매장 팀은 재고를 매주 계산하는데, RFID 기술 덕분에 이 과정은 30분 정도밖에 걸리지 않는다.

과거에는 재고 보충 작업에 두 명의 직원이 필요했다. 이들은 서로 무전기로 소통하며 판매 영역의 모든 제품이 고객에게 제공될 수 있도록 하는 역할을 맡았다. 전통적인 방식이라고 할 수 있다. RFID 기술이 보급된 현재는 언제나 부족한 제품의 재고 상황을 정확히 확인할 수 있으며, 직원들이 손수 처리하던 해당 업무는 당일 중에 쉽게 완료될 수 있게 됐다. 고객을 응대할 때 모든 직원은 언제든 재고를 확인할 수 있도록 휴대장치와 앱을 갖추고 있다.

이를 통해 매장 내 프로세스를 최적화하고, 직원들의 작업 시간을 줄일 수 있었다. 이제 모든 직원은 실시간으로 재고 상황을 확인할 수 있으며, 크기별 제품의 위치를 정확히 알 수 있다. 또한, 앱 내의 RFID 데이터베이스는 온라인상에서 고객이 선택한 제품을 원하는 색상, 크기, 수량에 맞추어 보유하고 있는 근처 매장을 보여주기도 한다. 이것이 바로 '온라인 구매, 매장 픽업'을 가능하게 하는 유일한 방법이다.

룰루레몬은 RFID 시스템을 도입함으로써 매장 내 프로세스를 최적화하고 고객 경험을 개선했을 뿐만 아니라, 모든 채널에서 수익을 증가시킬 수 있었다. 이 요가 수행자들이 정말 최고의 퍼포먼스를 보여줬다고 할 수 있다!

3장
온라인 소매점 벤치마킹

RETAI

전자상거래로 인해 사람들의 쇼핑 습관이 근본적으로 바뀌었다는 것은 누구나 아는 사실이다. 고객은 재고 보유 여부, 빠른 제품 검색, 다른 고객의 리뷰 등에 있어 직접적인 인사이트를 제공받기를 기대한다. 이렇게 높아진 기준은 오프라인 소매업을 크게 압박한다. 고객 행동이 바뀌었기 때문에, 기업은 날마다 치열해지는 경쟁의 압박에서 살아남기 위해 변화해야 한다. 새로운 도전 과제가 끊임없이 생기고 있다. 세계화, 디지털화된 우리 시대에는 기본 개발 단계와 시장 혁신 단계 사이에 휴식기를 가지기가 어렵다. 따라서 소매업에서의 유일한 상수는 바로 변화인 것이다.

온라인 쇼핑과 오프라인 쇼핑은 모두 각각의 장점이 있다. 오프라인 상점에서는 고객이 제품을 만져보고, 테스트해보고, 집에 바로 가져갈 수 있다는 장점이 있다. 반면, 온라인 상점에서는 몇 초 안에 제품을 찾고, 재고가 있는지 확인하고, 개인 맞춤 제품을 요청하는 등 다양한 작업을 수행할 수 있다는 것이 장점이다. 하지만 오프라인 소매점이라고 못할 건 없다. 이 장에서는 전자상거래의 장점을 오프라인 소매점에 적용하는 방법과 그 끝없는 잠재력에 대해 다룰 것이다.

이 장은 각 매장이 사용할 수 있고 사용해야 하는 소셜 미디어에 대한 이야기로 시작한다. 우선, 페이스북, 인스타그램, 핀터레스트 등의 포털을 이용하는 방법이 있다. 또는 소셜 미디어에서 자연스럽게 입소문이 나도록, 고객이 스마트폰을 꺼내 들고

ISN'T
DEAD

사진에 담고 싶은 매장으로 디자인하는 데 집중할 수도 있다. 스마트폰 이야기가 나와서 말인데, 자사 앱의 활용도를 과소평가해서는 안 된다. 적당한 기능만 갖춘다면, 앱을 사용해서 매장에 방문한 고객을 위해 놀라운 일들을 할 수 있기 때문이다. 이는 재고 수량, 제품 정보, 개인 맞춤 요청에 대한 세부 정보는 물론, 고객을 원하는 제품까지 바로 안내하는 매장 내 모바일 내비게이션 장치에 이르기까지 다양하다.

온라인 상점의 편리한 결제 방식도 오프라인 소매점에 응용할 수 있다. 이를 위한 선택지 역시 다양하다. 고객은 빠른 프로세스를 원하기 때문에, 시간이 결정적인 요인으로 작용한다. 이는 직접 픽업이나 홈 딜리버리와 같은 제품 수령 방식에도 적용된다. 반품은 온라인과 오프라인 모두에서 귀찮은 일이다. 온라인 구매 고객은 제품을 다시 포장해서 우편으로 되돌려 보내야 한다. 오프라인 구매 고객은 직접 매장까지 찾아가는 수고를 해야 하며, 대부분 교환대에서 대기까지 해야 한다. 이러한 상황에도 해결책은 있다.

전자상거래는 오프라인 소매점에 운영 방법을 보여준다. 온라인상의 솔루션을 가져와 적용하고, 오프라인만의 고유한 장점을 결합해 새로운 기회를 만드는 것은 오프라인 소매업자의 몫이다. 고객은 이를 통해 오프라인 매장에서 온라인과 오프라인의 장점 모두를 경험할 수 있게 된다.

1. 소셜 네트워크

밀레니얼 세대는 음식 사진을 찍어서 올리지 않고는 식사를 할 수 없다는 말은, 이제는 다소 진부하다. '소셜 미디어에 업로드되지 않은 경험은 경험이라고 볼 수 없다'는 모토에 충실한 말이다. 조금 과장되기는 했지만, 어느 정도는 맞는 말이다. 페이스북은 사용자 수만 해도 전 세계 20억 명이 넘는데, 이중 3분의 2가 매일 활동 중이다. 페이스북은 다른 네트워크와 함께 모든 산업에서 기업 브랜드 전략의 핵심 요소다. 따라서 소셜 미디어 프레즌스(Presence란 사전적으로 '사람이나 사물이 특정한 곳에 있다'는 의미의 존재감, 실재감을 뜻한다.—옮긴이)가 없는 제품은 사용자의 삶에도 존재하지 않는다는 말 역시 조금 과장되기는 했지만, 어느 정도는 맞는 말이다.

또한 소셜 미디어 마케팅은 순수하게 오프라인에서만 매장을 운영하는 소매업체의 성공에 필수적인 역할을 한다. 대부분의 고객은 매장 방문 전 온라인에서 검색을 하는데, 이는 소셜 미디어가 구매 결정에 큰 영향을 미친다는 의미다. 소셜 네트워크에서 프레즌스를 높이기 위해 실행할 수 있는 전략은 크게 두 가지가 있다. 첫 번째는, 스스로 브랜드 자체를 적극적으로 홍보하는 것이다. 두 번째는, 매장에서 찍은 셀카와 사진을 공유하는 브랜드의 고객을 확보한다.

많은 중소기업은 온라인에서 스스로 마케팅할 시간이 없어 어려움을 겪는다. 따라서 어떤 소셜 미디어 플랫폼에 시간과 돈을 투자할 것인지 신중하게 결정하는 것이 더욱 중요하다. 이것이 바로 기업이 타깃 고객에게 실질적으로 도달할 수 있는 유일한 방법이다.

구글 마이 비즈니스Google My Business, GMB는 전통적인 소셜 미디어 네트워크는 아니지만, 사업체가 스스로를 파악하는 데 가장 중요한 플랫폼이다. 검색 질문, 지도, 구글에 나타나는 매장 정보를 쉽게 찾을 수 있다. 여기에 당신은 가장 좋아 보이는 매장 이미지를 쉽게 업로드할 수 있다. 무료인 데다가 관리하기도 쉽다.

페이스북은 거의 모든 분야를 아우르는 소셜 미디어 플랫폼으로, 업종과 무관하게 어떤 사업에도 좋은 출발점이 된다. 페이스북은 오프라인 소매 시장에 많은 광고 기회를 제공한다. 여기에서 사진, 동영상, 중요한 회사 공지 등을 공유하고, 고객이 매장에 대한 리뷰를 남기도록 유도할 수 있다.

인스타그램은 시각적인 어필이 필요한 패션, 뷰티, 식품 분야 제품에 있어 훌륭한 옵션이다. 주로 사진을 공유하는 앱으로, 특히 밀레니얼 세대에게 인기가 높다. 인스타그램은 브랜드 인지도를 높일 많은 기회를 제공한다.

트위터는 B2C와 B2B 기업 모두가 사용하는 플랫폼이다. 뉴스, 트렌드 혹은 고객의 관심 사항을 파악하기에 적합하다. 고객은 제품이나 서비스에 문제가 있을 때 기업에 직접 트윗을 보내려고 트위터를 사용하는 것을 좋아한다. 이는 문제가 될 수도 있지만, 동시에 기회이기도 하다. 기업이 발 빠르게 대응하고 실시간으로 문제를 해결할 때 모두가 볼 수 있기 때문이다.

핀터레스트는 아이디어가 가득한 메모 보드와 같다. 시각적으로 매력적인 이미지나 제품을 보면, 사람들은 종종 자신의 디지털 메모 보드에 공유하고 싶어한다. 핀터레스트는 패션, 뷰티, 생활 분야에 특히 적합하다. 하지만 계정을 관리하는 방법은 다소 복잡하다.

당신의 브랜드에 적합한 소셜 플랫폼을 정한 다음에는, 이를 유지하는 것이 중요하다. 작은 기업에서도 예외 없이 이 업무에 담당자를 두는 것을 추천한다. 시각 지향적인 인스타그램이나 핀터레스트와 같은 플랫폼에는 제품이나 캠페인 테마를 하루에 여러 번 업로드할 수도 있다. 페이스북과 트위터는 무엇보다도 신제품, 특가 상품, 이벤트, 타깃 광고에 적합하다.

이제 두 번째 전략으로 넘어가겠다. 당신의 매장이 소셜 미디어를 위해 준비되도록 하라. 소셜 미디어에서 매장의 프레즌스를 높이는 기본 전제 조건은, 고객이 사진을 찍고 업로드하도록 만드는 매력적인 매장 디자인이다. 고객에게 직접 말하지 않고도 고객이 매장 내 모티프와 함께 사진을 찍고 싶도록 만드는 셀카 스팟을 마련하라. 고객이 다양한 각도에서 쉽게 셀카를 찍을 수 있도록 접근하기 쉬운 위치에 있어야 한다. 소셜 미디어에 공유되는 이미지가 실제로 당신의 매장과 연결될 수 있도록, 전시 공간이나 사이니지signage(기업들의 마케팅 및 광고에 활용되는 정보 표시 도구를 말한다. 주로 디지털 장치에 특정한 정보를 담아 LED, LCD, PDP 같은 디지털 영상 장치에 보여준다.—옮긴이)에 브랜드 해시태그를 포함하라.

조명이 너무 강하거나 약해서는 안 된다. 스마트폰 카메라가 플래시를 터뜨리는 경우가 많다면, 조명이 충분하지 못하다는 의미일 것이다. 경험으로 보건대, 밝은 사진이 어두운 사진보다 '좋아요'를 많이 받는 경향이 있다. 이렇게 고객에게 그들이 원하는 것을 제공하면, 당신도 원하는 것을 얻을 수 있다.

CALL TO ACTION

- 타깃 그룹에 도달하기에 가장 적합한 소셜 미디어 플랫폼을 고려하고, 목표에 따라 자원과 예산을 할당하라. 현실적인 목표를 세우고, 한 번에 모든 플랫폼을 이용하려고 하지 말라.
- 소셜 미디어를 담당할 팀 직원을 선정하라.
- 매장 내에 자잘한 여럿보다는, 기막힌 셀카 스팟 하나를 마련하는 것이 낫다.
- 매장 내 광고에 소셜 미디어를 통합하라.

라인프렌즈 LINE FRIENDS

거대 봉제인형과
셀카 찍기

》》》

라인프렌즈 매장과 팝업스토어는 관광객이 많고 고객 방문 빈도가 높은 곳에 위치한다. 이것은 매장에서 제품 판매는 물론, 귀여운 캐릭터로 고객을 사로잡아 브랜드 개발, 브랜드 경험, 브랜드 인지도까지 강화하는 데 매우 이상적이다.

매장 전체는 셀카 스팟으로 가득하다. 각 매장 입구에는 3미터 높이의 거대한 갈색 봉제 인형이 놓여 있다. 고객들은 이 캐릭터와 단둘이 사진을 찍기 위해 매주 줄을 서서 기다린다. 매장 곳곳에 사람과 같은 크기의 캐릭터가 세워져 있으며, 판매 영역 전체가 사진 찍기 좋게 배치되어 있다. 종종 해시태그도 함께 알려준다. '사진 촬영 OK!'라고 쓰여 있는 표지판이 고객에게 사진을 찍어도 된다는 그리고 찍어야 한다는 확신을 준다.

이런 셀카 스팟 외에도, 인기 있는 라인프렌즈 캐릭터의 제품 라인 중 대부분을 매장에서 만날 수 있다는 점이 고객을 끌어모았다. 또한, 라인프렌즈는 매장에서 온라인에서는 구할 수 없는 오프라인 매장 한정 판매 제품을 내놓기도 한다.

라인프렌즈의 계산은 딱 들어맞았다. 모든 고객은 매장에 멈춰서서 매장에서의 순간을 스마트폰에 담았다. 이를 통해 세심하게 설계된 셀카 스팟을 통해 소셜 미디어를 활용하는 방법을 알 수 있다.

라인프렌즈는 라인 메신저의 스티커로 사용하려고 만들어진 브라운앤프렌즈**BROWN&FRIENDS**에서 출발한 글로벌 캐릭터 브랜드다. 라인은 전 세계 1억 6600만이 넘는 사용자를 보유한 모바일 메신저 앱이다. 라인프렌즈 캐릭터는 다양한 제품, 애니메이션, 게임, 카페, 호텔은 물론 테마파크에도 사용된다. 뉴욕, 로스앤젤레스, 런던, 도쿄, 서울, 상하이 등 14개 시장에서 160개 이상의 팝업스토어를 열었다. 라인프렌즈는 장난감, 학용품, 의류, 액세서리, 아동복, 여행용품, 인테리어 등 다양한 카테고리에서 6500가지가 넘는 제품을 선보였다. 라인프렌즈 매장의 면적은 46제곱미터부터 1300제곱미터까지 다양하며, 여성 고객을 주요 타깃으로 한다.

"

소셜 미디어에
업로드되지 않은
경험은
경험이라고
볼 수 없다.

"

빅토리아시크릿 VICTORIA'S SECRET

행복한 브랜드 홍보대사

빅토리아시크릿은 '티즈Tease' 향수 라인을 출시하면서 옴니채널 마케팅의 새로운 기준을 세웠다. 빅토리아시크릿 매장에 방문한 고객은 친구와 함께 향수병을 들고 사진을 찍어 인스타그램에 올려달라는 권유를 받았다. #VSTease, #VSGift 해시태그와 함께 게시물을 업로드한 화면을 매장 직원에게 보여주는 고객에게는 깜짝 선물이 주어졌다.

그 결과, 빅토리아시크릿은 소셜 미디어에서의 프레즌스를 증가시키고 인스타그램상에서 열풍을 일으켰을 뿐만 아니라, 고객의 매장 방문 빈도도 높일 수 있었다. 동시에 고객과 직원이 재미있는 방식으로 소통할 기회이기도 했다. 인스타그램을 통한 소통 외에도, 거울에 스티커를 부착해 셀카를 찍는 캠페인도 주의를 집중시켰다.

그렇다면, 빅토리아의 '시크릿'은 대체 뭘까? 대답은 간단하다. 고객이 간단히 셀카를 찍어 브랜드의 홍보대사가 되도록 하는 데 선물 하나면 충분하다. 친구가 올린 사진을 보고 매장에 방문해 캠페인에 참여하고 싶은 고객도 있을 것이다. 이것이 바로 마케팅 효과를 증가시키는 방법이다. 소셜 미디어를 이용하는 것은 이렇게나 쉽다.

> **빅토리아시크릿** VICTORIA'S SECRET은 여성을 위한 란제리, 패션, 미용 제품 등을 판매하는 미국의 소매 회사다. 1977년 캘리포니아주 샌프란시스코에서 설립됐으며, 현재 L브랜즈 주식회사 L Brands Inc.에 속해 있다. 본사는 오하이오주 콜럼버스에 있다. 빅토리아시크릿은 미국의 주요 란제리 소매업체 중 하나로, 전 세계에 1100개 이상의 매장을 보유하고 있다.

홈디포 THE HOME DEPOT

나의 개인 비서

홈디포 주식회사는 전 세계에서 가장 큰 DIY 체인으로 40만 명의 직원을 고용하고 있다. 1978년에 설립되어, 미국 조지아주 애틀랜타에 본사를 두고 있다. 미국, 캐나다, 멕시코에 걸쳐 2200개 이상의 매장이 있다. 홈디포의 평균 매장 면적은 약 975만5000제곱미터(약 2950평)이며, 여기에서 DIY 전문가와 건설업자를 위한 제품을 판매한다.

우리 모두 철물점에서 쇼핑할 때, 가장 큰 문제점이 무엇인지 알고 있다. 원하는 제품을 찾을 수 없거나, 아예 구할 수 없는 것이다. 직원도 눈에 안 띄고, 우연히 직원을 만나도 다른 부서 담당이라 모른다고 한다. 이렇게 운이 나쁘다면, 계속 찾는 수밖에 없다! 홈디포는 이런 고객의 불편을 해결하는 앱을 개발해 상까지 받았다. 앱의 목표는 고객에게 스마트폰 상에서 유용한 도구를 제공하고, 상호 연결된 온라인-오프라인 환경을 만드는 것이었다.

앱의 통합음성기술을 사용하면 집에서 미리 원하는 제품을 검색할 수 있다. 가장 가까운 상점에 그 제품이 있는지도 확인할 수 있다. 집에 고장 난 제품이 있어서 교체해야 할 때는 사진을 찍으면 된다. 통합 이미지 검색을 통해 비슷한 제품

목록이 즉시 표시되기 때문이다. 이제 디지털 쇼핑 목록을 가지고 물건을 살 수 있는 가장 가까운 매장으로 가면 된다. '온라인으로 구매, 매장에서 픽업Buy Online, Pickup in Store' 서비스를 이용해 2시간 내에 제품을 즉시 구매할 수 있다. 이모든 과정이 앱을 통해 이루어진다.

이게 전부가 아니다. 디지털 쇼핑 목록과 함께 매장에 도착하면, 앱이 원하는 제품이 있는 통로와 선반을 정확하게 보여준다. 앱에 내장된 바코드 스캐너로 자세한 제품 정보를 확인하고, 고객 리뷰도 읽을 수 있다. 그래도 궁금한 게 남았다면, 라이브 채팅으로 온라인 직원에게 질문하고 답변을 들으면 된다.

앱은 고객에게 DIY 조립 지침이나 조언, 설치와 장식 팁까지 알려준다. 뿐만 아니라 증강현실 기능으로 선택한 제품을 스캔한 방 이미지 안에 배치해, 제품이 집안 인테리어에 어울리는지 스마트폰에서 직접 확인할 수도 있다.

앱은 어떤 질문에도 바로 답해주는 DIY 상점의 전담 직원이 바로 곁에 있는 것 같은 기능을 선사한다. 앱에는 오프라인 상점에 있는 4만 개의 제품과 온라인상에 있는 100만 개 이상의 제품에 대한 모든 정보가 담겨 있다. 이 앱은 사용이 쉽고, 다양한 고객 문제를 해결하며, 시간과 비용, 무엇보다 신경 써야 하는 부분들을 줄여준다.

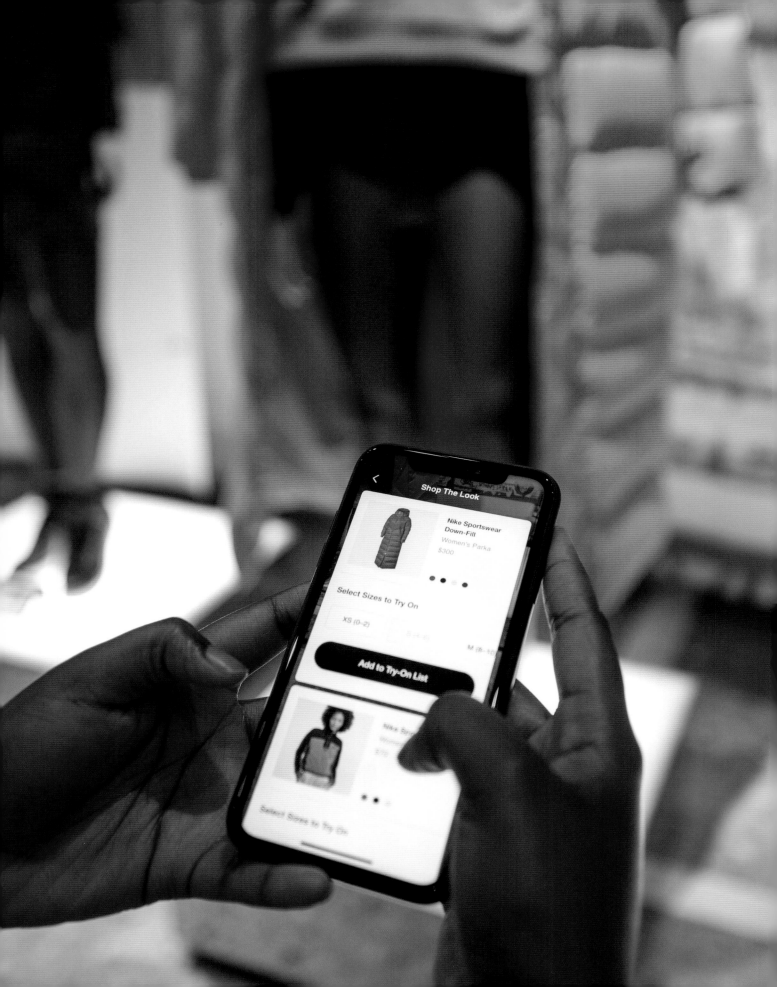

나이키 NIKE

쇼핑의 완벽한 흐름

나이키 주식회사는 미국 오리건 주의 포틀랜드 지역에 본사를 둔 다국적 기업이다. 1964년 창립된 스포츠 브랜드로, 지금은 전 세계에 약 1200개의 매장을 보유하고 있으며, 3만 개 이상의 파트너 소매업체가 나이키 제품을 판매한다. 나이키는 신발, 의류, 운동 장비, 액세서리 등의 제품을 생산하며, 전 세계에 7만 명이 넘는 직원이 디자인, 개발, 제조, 유통 등의 분야에서 일하고 있다. 판매 핵심 타깃은 15~40세 사이의 소비자로 잡고 있다.

나이키 앱은 고객 설문조사를 바탕으로 개발됐다. 나이키는 매장을 방문할 때 소비자가 좋아하거나 싫어하는 점이 무엇인지 알고자 했다. 그 결과, 소비자는 자신이 원하는 운동화를 가장 가까운 매장에서 구할 수 있는지를 미리 알고 싶어 한다는 것을 알아냈다. 이것은 매장에서도 동일하게 적용된다. 고객은 직원의 도움이 내키지 않을 경우, 직원과 대화를 나누지 않고 혼자서 제품을 찾기 원한다. 나이키 앱은 여기에 고객의 각기 다른 선호까지 고려하여 편안하고 긍정적인 매장 경험을 제공한다.

쇼핑 경험은 고객이 집에서 앱으로 특정 제품을 검색하고, 매장에 맞는 사이즈가 있는지 검색하는 순간부터 시작된다. 맞는 사이즈가 있다면 간단히 예약하고, 2시간 이내에 픽업까지 완료할 수 있다. 제품을 받아볼 수 있게 되면, 즉시 푸시 알림을 통해 알 수 있다. 그러면 스마트폰으로 전송된 비밀번호로 매장에서 원하는 제품이 있는 사물함을 열면 된다. 나이키가 제공하는 쇼핑 경험은 이렇게 간단하다.

이를 포함한 각종 서비스를 이용하려면 나이키의 회원이어야 한다. 멤버십은 무료이며 많은 혜택을 제공한다. 위치 정보 태그 지정 기능을 사용하면, 고객이 매장에 들어설 때 앱이 이것을 인식한다. 이어서, 고객은 앱을 통해 독점 할인이나 보너스 프로그램에 대한 고객 전용 푸시 메시지를 받아볼 수 있다.

매장에서 고객은 '셀프 서비스' 또는 '직원 자문 서비스' 중 원하는 것을 선택할 수 있다. 일부 나이키 매장에는 직접 직원을 찾아 묻는 대신, 매장에서 직원에게 '메시지'를 통해 질문하는 채팅 기능도 있다. 젊은 층일수록 영업 직원과 상호작용하는 것을 선호하지 않는 경우가 많기 때문에 이 기능을 자주 사용한다.

앱의 바코드 스캔 기능을 사용하면, 추가 제품 정보와 구매 가능한 사이즈 및 색상을 실시간으로 검색할 수 있다. 온라인상에서 원하는 제품을 간단히 요청하면, 고객이 매장 내 어느 곳에 있든 직원이 가져다준다. 뉴욕 지점에서는 고객이 마네킹 자체를 스캔하면, 피팅룸에서 마네킹이 입은 의상 전체를 요청한 사이즈로 받아볼 수 있는 기능도 있다.

고객이 구매용 사물함을 이용하든 지금 매장에서 제품을 골랐든 상관없이, 원하는 제품을 선택하면 앱의 '바로 결제' 기능으로 물건값을 바로 지불할 수 있다. 계산대 앞에 줄을 서서 기다릴 필요가 없어진 것이다. 쇼핑의 흐름이 이보다 매끄러울 수 없다.

그뿐 아니라, 앱은 지역 내 고객의 구매 행동 데이터와 정보를 분석하여 매장 팀에 제공한다. 이를 통해 잘 팔릴 가능성이 높은 제품을 예측할 수 있다.

이 앱을 통해 나이키는 디지털 쇼핑 경험과 실제 쇼핑 경험을 완벽하게 연결했다. 여기에서 알 수 있는 성공 비결은 무엇인가? 고객의 소리에 귀를 기울이고, 쇼핑 경험의 방해 요소를 제거하는 것이다.

세븐프레시7FRESH는 2018년 설립된 중국의 신선식품 슈퍼마켓 체인이다. 세븐프레시 슈퍼마켓의 평균 규모는 약 278~371 제곱미터(약 84~112평)이며, 미식가들에게 '슈퍼마켓+다이닝+라이프스타일'을 결합한 신선식품 옴니채널을 제공한다. 신선 하고 안전하며 신뢰할 수 있는 제품을 제공하는 것은 물론, 매장에서 식사도 할 수 있다. 세븐프레시의 제품 중 70퍼센트 이상 이 신선 제품이다. 세븐프레시 체인은 제이디닷컴JD.com의 계열사다. 제이디닷컴은 1998년에 설립되어 베이징에 본사를 두고 있는 전자상거래 회사로, 온라인과 오프라인을 통틀어 중국에서 가장 큰 소매업체다.

세븐프레시 7FRESH

모든 일은 앱에게 맡겨라

»»»

세븐프레시는 뛰어난 기술력을 바탕으로 제품의 투명성 및 고객 서비스에 집중하는 라이프스타일 브랜드로서 포지셔닝하고 있다. 최근 몇 년간 논란이 된 식품 문제로 식품 공급업체에 대한 중국인의 신뢰는 크게 떨어졌다. 세븐프레시는 고객의 신뢰를 되찾기 위해 고객에게 건강한 먹거리에 대한 교육을 제공하면서, 자체 앱을 통해 매장에 있는 모든 제품의 정보를 아주 사소한 세부 사항까지 공개한다.

세븐프레시에서 쇼핑하려면 먼저 앱을 다운로드해야 한다. 앱은 모든 항목을 스캔하고, 세부 정보를 보여 주며, 물건값을 지불하는 데 사용된다. 더불어 이렇게 수집된 구매 행동과 민감한 정보를 제외한 고객 데이터는 앱을 통해 고객의 취향에 맞춘 제품을 추천하는 데 다시 이용된다.

이곳을 찾는 고객은 식품 취급에 매우 민감하기 때문에, 매장에서 판매되는 과일과 채소 같은 신선 식품까지도 포장을 한다. 세븐프레시가 다른 사업들과 차별화되는 또 다른 포인트다. 여기에 세븐프레시의 기술력을 다시 더했다. 예를 들어 고객이 선반에서 밀봉 포장된 사과를 골라 바코드를 스캔하면, 이 제품의 성분표부터 원산지, 당도, 고객 리뷰에 이르기까지 다양한 정보가 디지털 디스플레이에 나타난다.

가격은 전자 가격표를 통해 표시되는데, 온라인에서의 가격과 연동되며 클릭 한 번이면 쉽게 조정할 수 있다. 옴니채널Omni-channel(모든 것을 의미하는 라틴어의 '옴니Omni'와 기업이 소비자와 통하는 모든 경로를 의미하는 채널의 합성어. 소비자가 온라인, 오프라인, 모바일 등 다양한 경로를 넘나들며 상품을 검색하고 구매할 수 있도록 한 서비스, 각 유통 채널의 특성을 결합해 어떤 채널에서든 같은 매장을 이용하는 것처럼 느낄 수 있도록 한 쇼핑 환경.—옮긴이) 개념이 적용되었기 때문에, 고객은 집에서 편하게 제품을 선택한 후 클릭 한 번으로 30분 이내에 배송받을 수도 있고, 매장에서 직접 구매할 수도 있다. 이렇게 하는 이유는, 온라인과 오프라인 매장을 모두 이용하는 고객이 더 많은 돈을 지출하는 것으로 입증됐기 때문이다. 이 때문에 여러 채널을 이용하는 고객이 회사에서 인기를 얻고 있다. 결제는 대부분 휴대폰으로 이루어진다. 현금 및 신용카드 결제도 가능해, 모바일 결제 수단을 이용하기 어려운 타지에서 온 방문객에게도 매장의 제품을 즐길 기회를 제공한다.

세븐프레시는 앱을 통해 매장 전체에 표지판과 각종 정보가 복잡하게 표시되지 않도록 하면서도, 제품에 대한 모든 정보를 고객에게 제공할 수 있게 됐다.

3. 간편 결제

전자상거래는 제품을 아주 쉽고 빠르게 검색하고 찾을 수 있게 해준다. 결제 과정도 쉽고 빠르다. 온라인으로 구매하면 클릭이나 지문 인식, 안면 인식만으로 순식간에 확인과 결제까지 마칠 수 있다. 이는 빠르고 원활한 쇼핑 경험에 대한 고객의 기대치를 높인다. 이 때문에 한 번에 모든 것을 얻을 수 있게 된 현대의 소비자는 길고 복잡한 결제 프로세스에 대한 인내심이 점점 줄어든다. 이는 오프라인 소매업에까지 영향을 주었다. 당신 역시 고객을 위해 결제 과정을 보다 편하고 원활하게, 무엇보다 빠르게 적용시키고 만들어야 한다.

그러나 시간을 절약해주는 가장 큰 비법은 결제 프로세스가 아니라, 매장에서 물건을 찾는 시간에 있다. 실제로 고객은 주로 당장 필요한 제품을 찾기 때문에, 매장 전체에 진열된 대부분의 제품에는 관심이 없다. 그러므로 원하는 제품을 빨리 찾도록 하는 것이 간편한 결제보다 우선시되어야 한다. 고객에게 필요한 제품이 명확하게 정해져 있는 경우, 쇼핑과 결제를 동시에 처리할 수 있는 빠른 쇼핑 경험을 제공할 수 있어야 한다. 예를 들어, 구매량이 가장 많은 생활용품을 위한 별도의 공간을 마련해 고객이 단시간에 제품을 찾을 수 있도록 하고, 여기에 셀프계산대까지 결합하는 것이다.

오늘날 대부분의 고객은 신용카드나 스마트폰으로 결제한다. 그러므로 직원들에게 휴대용 결제 단말기를 들고 다니도록 하는 것이 좋다. 이를 통해 영업 사원은 환영 인사, 정보 제공, 최종 지불 단계 전반에 걸쳐 고객과 함께할 수 있다. 이는 이미 나이키와 애플 매장 여러 곳에서 이루어지고 있다.

셀프 결제 시스템이 점점 대중화되고 있다. 스캔, 구매, 포장을 직접 마치고 매장을 나서면 되는 것이다. 소매점이 속한 사업군이나 제품 가격대와는 무관하게, 셀프 결제 시스템은 이제 어디에서나 찾아볼 수 있게 됐다. 럭셔리 브랜드인 레베카 밍코프Rebecca Minkoff의 뉴욕 매장도 셀프 결제 시스템을 도입했다. 모든 사람이 셀프 결제를 선호하지는 않으므로, 두 가지 시스템을 조합하는 최상의 솔루션을 택했다. 직원이 계산해주기를 원하는 고객을 위한 일반 결제와 바쁜 고객을 위한 셀프 결제 시스템을 모두 마련한 것이다.

또한 각 회사의 앱을 통해 작동하는 다양한 '스캔앤고Scan&Go' 시스템이 있다. 이 시스템은 고객이 모든 제품을 직접 스캔하고 결제하는 과정에서 스마트폰을 스캐너로 활용한다. 또한 '체크아웃 프리Checkout Free'(대표주자로는 미국의 아마존고Amazon Go와 중국의 빙고박스BingoBox가 있다. 소비자는 앱을 미리 다운로드한 뒤, 바코드를 찍고 무인 상점에 들어가서 원하는 물건을 들고 매장을 나오면 된다. 매장에서 나오면 앱에 등록해둔 카드에서 자동으로 결제된다.—옮긴이)와 같은 색다른 결제 방식도 있는데, 이는 고객이 매장에서 물건을 들고 나오기만 하면, 미리 등록한 고객 계정에서 자동으로 결제되는 방식이다.

이 모든 솔루션의 목표는 단 하나다. 고객의 시간을 절약하고 최대한 쇼핑을 편리하게 만드는 것이다.

 # CALL TO ACTION

- 결제 과정에서 고객에게 가장 도움이 될 사항에 집중하라.

- 고객이 받아들일 가능성이 높은, 최적의 결제 방식을 찾아 도입하라. 모든 기술 솔루션이 모든 고객에게 편리하게 작용하지는 않는다.

- 빠른 결제 프로세스가 실제로 고객에게 부가적인 가치를 제공하는지, 직원과의 상호작용 부족이 쇼핑 경험을 불편하게 만드는 것은 아닌지 자문하라.

타깃 TARGET

듀얼 스피드,
빠르거나 영감을 주거나

»»»

미국의 대형 소매업체인 타깃은 다양한 계층의 고객을 대상으로 개인적인 요구 사항을 파악하는 설문조사를 했다. 각 지역에 가장 필요한 것은 무엇인가? 설문조사와 그로 인한 인사이트의 초점은 모두 고객에게 철저하게 맞춰져 있다. 여기에서 도출한 인사이트 중 하나는 매장을 쇼핑하기 쉽고 영감을 주는 장소로 만드는 두 가지의 디자인 원칙이다. 전국 각지의 매장에는 바쁜 고객과 여유롭게 통로를 걸으며 둘러보고 싶은 고객 모두를 위해 설계된 요소가 있다. 두 개의 입구를 마련한 매장들 중 일부는 쇼핑 구역을 시간 절약과 편리성을 위한 구역, 영감과 발견을 위한 구역으로 나누어 설계했다.

고객이 '영감Inspiration'이라고 적혀 있는 입구를 이용하면, 매장 전체를 둘러보도록 안내된다. 앞서 말했듯 타깃의 평균 매장 면적은 1만2077제곱미터다. 반대로, 고객이 '편리함Ease' 입구를 선택하면 곧바로 가지고 나갈 수 있도록 준비되어 있는 식료품, 와인, 맥주, 편의점에서 볼 수 있는 생활용품 등이 마련되어 있다. 이 구역은 고객이 쇼핑을 빨리 끝마칠 수 있도록 필수품을 제공하는 데 집중했다. 빠른 결제를 위한 셀프계산대도 있다.

온라인으로 주문하면 홈페이지나 스마트폰을 통해 곧바로 결제할 수 있으며, 매장에서 한 시간 내에 픽업할 수 있도록 준비된다. 이 제품들은 '편리함' 구역의 픽업 카운터에서 받을 수 있다. 정말 바쁜 고객들은 '드라이브 업Drive Up' 서비스를 이용해 온라인으로 제품을 주문하고, 제품이 준비된 후에 픽업하러 출발할 때와 지정된 주차 구역에 도착했을 때 매장에 알림을 보낼 수 있다. 그 후 타깃의 직원들이 나와서 차에 제품을 실어주면 다시 출발하면 된다. 이보다 빠를 수는 없다.

이 '편리함' 구역은 많은 고객이 가지고 있는 문제인 시간 부족을 해결해준다. 이 솔루션은 쇼핑 과정의 모든 단계에 적용된다.

타깃 코퍼레이션 Target Corporation, 이하 타깃은 1962년 미국 미니애폴리스에서 설립되어 지금까지도 같은 곳에 본사를 두고 있다. 타깃은 미국에서 8번째로 큰 소매업체로, 1850개 이상의 매장에서 35만 명 이상의 직원이 근무하고 있다. 평균 1만2077제곱미터에 이르는 할인점 매장에서는 식료품, 화장품, 의류, 가정용품 및 가전제품이 판매된다. 타깃의 고객 평균 연령은 40세이며, 고객의 연간 가구 소득은 6~7만 달러 사이이다.

자라 ZARA

입어보고, 포장하고, 떠나라!

자라 SA는 세계 최대 의류업체 중 하나인 인디텍스 그룹 Inditex Group에 속한 스페인의 패스트패션 소매업체다. 1975년에 설립되었으며 현재 100여 곳의 시장에 2250개 매장을 가지고 있다. 자라는 대응성이 높은 뛰어난 공급망을 갖춘 브랜드로 유명하다. 제품이 디자인되면, 매장에 도착하기까지 10~15일밖에 걸리지 않는다. 자라는 여성복, 남성복, 아동복을 판매하며, 최신 패션 트렌드에 관심이 많은 여성과 남성을 타깃으로 삼는다.

셀프 계산대는 슈퍼마켓에는 널리 보급되어 있지만, 패션 소매점에서는 거의 찾아볼 수 없다. 놀라운 일이다. 옷을 사는 고객들도 빠르고 편리한 쇼핑을 원할 텐데 말이다.

하지만 런던의 자라 매장은 예외다. 이 매장은 온라인 결제의 편리함을 그대로 매장 내 경험으로 가져왔다. 온라인 쇼핑만큼 쉬우면서도, 제품을 입어보고 바로 가져갈 수 있다는 오프라인상의 장점까지 제공한다. 터치스크린을 활용해 고객이 빠르게 결제할 수 있도록 도우며, 이 과정에서 옷을 스캔할 필요조차 없도록 했다. 옷을 계산대 가까이 놓으면 제품과 가격이 즉시 화면에 나타나고, 곧바로 결제한 후 보안 태그를 제거할 수 있다. 결제 과정 전체가 상당히 빠르고 자연스럽게 이루어진다.

사람들이 옷을 착용해보면서 오랜 시간을 보내는 경우는 많지만, 결제는 조금이라도 오래 걸리면 견디기 힘들어한다. 자라가 제공하는 서비스는 계산대 앞에서의 대기 시간을 없애주므로 이러한 고객들에게 꼭 맞다고 할 수 있다.

막스앤스펜서 MARKS&SPENCER

휴식 시간에 고속으로 쇼핑 끝내기

막스앤스펜서의 식료품점 대부분은 점심시간에 줄이 가장 길어진다. 고객 경험에서 이런 불편함을 해결하기 위해, 막스앤스펜서는 '모바일, 페이, 고Mobile, Pay, Go' 서비스를 출시했다. 이 앱은 어떻게 작동하며, 문제를 어떻게 해결할까?

이 서비스를 이용하려면 먼저 막스앤스펜서 모바일 앱을 다운로드하고, 로열티 프로그램을 활성화해야 한다. 등록하는 동안 직불카드, 신용카드, 애플페이, 구글페이와 같은 결제 옵션을 선택할 수 있다.

앱은 고객이 매장에 들어올 때 이를 인식하고, 자동으로 '모바일, 페이, 고' 기능을 활성화한다. 그러면 스마트폰의 카메라가 상품이나 선반의 바코드를 직접 스캔할 수 있는 모바일 스캐너로 기능하기 시작한다. 스캔한 제품은 즉시 앱의 장바구니에 추가되며, 매장 내 어디에서나 결제할 수 있다. 앱은 지문이나 얼굴 인식을 사용하여 사용자를 식별하며, 영수증은 QR코드로 스마트폰에 전송된다. 정말 쉽고, 정말 편리하다.

이 서비스를 통해 고객은 40초 이내에 제품을 스캔하고 결제까지 할 수 있다. 앱은 특히 점심시간에 고객이 몰리는 매장에서 유용하게 쓰인다. 고객은 보통 짧은 휴식 시간에 매장을 방문하는데, 이때 매장이 제일 바빠지기 마련이다. 따라서 '모바일, 페이, 고' 서비스는 시간이 별로 없는 고객에게 안성맞춤이다.

M&S라고도 알려져 있는 **막스앤스펜서MARKS&SPENCER 그룹**은 런던에 본사를 둔 영국 소매업체다. 1884년에 설립되어 현재 8만 명 이상의 직원을 고용하고 있다. 전 세계에 1400개 이상의 매장을 보유하고 있는데, 그중 1000개가 넘는 매장이 영국에 있다. 의류, 화장품, 가정용품 및 식품 등을 판매한다.

알버트하인 ALBERT HEIJN

탭 투 고

슈퍼마켓에 가서 원하는 물건을 가방에 넣은 다음, 계산대에서 결제하지 않고 매장을 나갈 수 있다면 얼마나 좋을까? 물론 합법적으로 말이다. 잔담Zaandam 에 있는 알버트하인 매장에서는 이것이 가능하다. 매장 내에는 계산대가 하나도 없고, 결제를 하기 위해서 스마트폰을 주머니에서 꺼낼 필요조차도 없다.

고객은 '탭 투 고Tap to Go' 프로그램에 등록한 후, 고객의 은행 계좌에 직접 연결된 카드로 결제할 수 있다. 매장에 들어갈 때 별도의 체크인 과정이 없어 바로 쇼핑을 시작할 수 있다. 제품을 선택할 때는 개인 카드로 아래쪽에 있는 전자 선반 라벨을 누르면 라벨 가장자리가 녹색으로 빛나는 것을 확인할 수 있다. 그러면 고객은 제품을 가지고 쇼핑을 계속하면 된다. 10분 이내에 마음이 바뀌어 제품을 구매하지 않고 싶어지면 선반 라벨을 다시 터치하면 되는데, 이때는 라벨 가

장자리가 붉은색으로 빛난다. 이 과정을 거치지 않은 제품은 10분 뒤 구매가 완료된다.

이 콘셉트는 시간문제가 중요한 편의점에서 이상적이다. 예를 들어, 고객은 많지만 대기 시간이 길어서는 안 되는 기차역에 이 기술은 완벽하게 적용된다. 급하게 기차를 타야 하는 고객도 몇 초 안에 쇼핑을 마칠 수 있다.

'탭 투 고' 시스템은 충동구매 경향이 있는 고객을 통해 매출을 증가시킬 수 있는 가능성도 확보했다. 계산대가 없을 때 고객은 구매 유혹에 대한 저항력이 낮아진다. 게다가 마음을 바꿀 수 있는 시간도 제한되어 있다. 전자 선반 라벨은 소프트웨어 시스템에 연결되어, 가격이 변동될 수 있음을 보여준다. 호텔의 숙박비와 마찬가지로 수요와 공급에 따라 가격이 조정될 수 있다. 또한, 계산대가 없으므로 더 많은 제품을 진열할 수 있고 인건비도 절약할 수 있다.

덧붙이자면, 이 시스템은 알버트하인이 고객의 구매 행동에 대한 세부 데이터에 접근할 수 있도록 한다. 즉, 알버트하인은 고객이 이동할 때 어떤 경로를 택하는지, 어떤 항목을 어떤 순서로 선택하는지, 개개인이 가장 좋아하는 제품은 무엇인지를 알 수 있다. 이 정보는 전체 매장에서 제품 배치를 최적화하고, 각 카드 소지자에게 개별 맞춤형 제품을 제안하는 데 사용할 수 있다.

'탭 투 고' 시스템을 통해 고객은 편리하고 빠른 쇼핑을 할 수 있게 되며, 알버트하인도 온라인과 오프라인 모두에서 경쟁사보다 몇 발 앞서 나갈 수 있는 다양한 이점을 취한다.

알버트하인 BV는 1887년에 설립된 네덜란드 최대의 슈퍼마켓 체인이다. 네덜란드와 벨기에 전역에 950개 이상의 매장과 10만 명 이상의 직원을 보유한다. 알버트하인의 모회사는 스톱앤샵Stop&Shop, 푸드 라이언Food Lion, 자이언트 푸드 스토어Giant Food Stores와 같은 미국 슈퍼마켓 체인의 소유주인 아홀드 델하이즈다. 알버트하인 매장의 크기는 형태에 따라 다양하다. 알버트하인의 목표는 '모두를 위한 슈퍼마켓'이 되는 것이다.

아마존고 AMAZON GO

인공지능 카메라와 쇼핑하기

아마존Amazon은 세계 최대 전자상거래업체로 미국 워싱턴 주에 본사를 두고 있다. 1994년에 설립되어 현재 약 65만 명의 직원을 고용하고 있다. 첫 아마존고 매장은 2018년 시애틀에서 문을 열었다. 2019년 10월 기준으로 미국 내에는 약 16개의 아마존고 매장이 운영 중이다. 평균 면적은 167제곱미터 정도인데, 여기에서는 미리 만들어진 샌드위치, 샐러드, 과자, 음료수에서부터 필수 식료품, 인스턴트 음식까지 다양한 종류의 상품이 판매된다. 아마존고는 고객이 원하는 음식을 간단하게 구매할 수 있는 편리한 매장이다.

아마존고 매장 자체는 일반 편의점과 같지만, 기술은 독특하다. 이곳에서는 제품을 스캔하거나 결제하는 과정이 없다. 고객은 와서 제품을 담고 그냥 나가면 된다. 그렇게 간단하기 때문에 아마존은 이를 '저스트 워크 아웃 테크놀로지Just Walk Out Technology'라고 부른다.

우선 아마존고 앱을 다운로드하여 아마존 계정에 연결한다. 그다음, 매장에 들어가면서 앱을 열고 스마트폰을 입구에 있는 스캐너에 댄다. 휴대폰을 주머니에 다시 넣고 쇼핑을 시작하면 된다.

사고 싶은 제품은 들고온 가방이나 매장에서 제공되는 가방에 넣으면 된다. '저스트 워크 아웃 테크놀로지'는 고객이 진열대에서 무엇을 가져가고 있는지 정확히 파악하고, 아마존 웹사이트에서와 같이 가상의 장바구니에서 고객을 추적한다. 고객이 제품을 진열대로 다시 반환하면, 가상의 장바구니에서도 제거된다. 매장을 떠날 때 시스템은 아마존 계정에 돈을 청구하고, 앱을 통해 확인할 수 있는 영수증을 발행한다.

이 뒤에는 무엇이 숨어 있을까? 이 결제 없는 쇼핑 경험을 가능하게 하는 기술은 컴퓨터 비전, 센서 융합 및 딥러닝의 조합이다. 이런 유형의 기술은 무인 자동차에도 사용된다. 아마존고를 구현하려면 매우 정밀한 기술이 필요하다. 당연하지만, 고객이 실제로 가져가는 제품에 대한 비용만 청구되도록 설계되어 있다.

고객이 얼마나 바쁘든, 여기에서는 항상 쇼핑을 할 수 있다. 고객은 매장에 들어가 가방에 물건을 담고, 짧은 시간에 매장을 떠날 수 있다. 이 쇼핑 경험 중에는 대기 시간이 포함되지 않는다. 시스템은 현재 가장 높은 수준의 편의성을 제공한다.

아마존고를 방문한 고객들은 소매 경험을 재정의하게 된다. 아마존에 있어, 아마존고는 오프라인 소매점의 고객 행동에 대해 더 자세히 알아볼 수 있는 또 다른 테스트 영역이다. 고객 자체에 대한 기본 정보 외에도, 판매하는 각각의 제품에 대한 모든 종류의 데이터를 수집할 수 있다. 고객은 제품을 얼마나 자주 만지고, 얼마나 자주 선반에 다시 가져다놓을까? 다시 가져다놓는 데에는 얼마나 걸릴까? 대안으로 선택하는 제품은 무엇일까? 이러한 질문과 답변 목록은 계속해서 늘어날 수 있다. 이와 같은 데이터는 아마존의 오프라인 거래에도 큰 이점을 제공한다.

4. 픽업과 반품

온라인 주문 시에 생기는 높은 운송비용은 기업의 몫이다. 오늘날 고객은 상품이 무료 배송되고 반품되기를 기대한다. 경쟁력을 유지하려면 기업은 필연적으로 이를 받아들여야 한다. 만일 기업이 오프라인 소매점 매장을 다수 보유하고 있다면, 이는 장점이 될 수 있다. 매장에서 온라인 주문 배송과 반품을 처리하면, 운송비용을 절감할 수 있기 때문이다.

이로 인해 고객 또한 한 시간 이내에 제품을 수령할 수 있고, 집으로 배달될 때까지 기다릴 필요가 없다는 이점을 누릴 수 있다. 12월 23일, 크리스마스가 임박해오면 막바지 크리스마스 쇼핑 성수기가 찾아온다. 대부분의 온라인 서비스의 경우, 신속한 배송을 하기에는 이미 너무 늦었다. 그러나 온라인으로 상품을 주문하고 매장에서 수령하면, 고객은 선물을 차분하게 포장할 수 있는 여유 시간까지 확보할 수 있게 된다.

오프라인 소매점은 이런 상황에서 얻을 수 있는 부가적인 장점을 과소평가해서는 안 된다. 또 다른 장점은 고객이 상품을 수령하거나 반품하기 위해 매장을 방문했을 때, 제품을 추가로 구매할 수도 있다는 것이다. 이는 어찌 됐든 고객의 방문 빈도를 증가시키는 방법이고, 따라서 판매량을 늘릴 수 있는 가능성을 높여준다.

또 다른 전략은 '온라인 구매, 매장으로 발송 Buy Online Send to Store' 서비스를 제공하는 것이다. 이 서비스는 제품을 해당 지점의 재고에서 가져오지 않고, 매장으로 바로 발송한다는 점만 빼고 나머지는 기본적으로 동일하게 운영된다.

일부 매장에는 주문한 품목을 수령할 수 있는 별도의 계산대가 있다. 그러나 여기에는 긍정적인 고객 경험을 방해할 만한 요소가 있다. 여러 고객이 동시에 상품을 수령하고 싶어 하는 상황이 종종 발생하는데, 이때 필연적으로 대기 시간이 발생한다. 이는 온라인 구매 고객이 피하고 싶은 중요한 요소다. 그렇기 때문에 많은 매장에서는 픽업 물품 보관함이나 자동 픽업 시스템을 구현했다. 고객이 매장에 들어와 기계에서 주문 코드를 스캔하면 곧바로 사물함이 열리고, 상품을 가져갈 수 있는 것이다.

나아가, 많은 기업이 고객에게 '커브사이드 픽업 Curbside Pickup' 서비스까지 도 제공하고 있다. 제품을 매장 앞에 주차된 차량까지 직접 가져다주는 것이다. 이는 '온라인 구매, 매장 내 픽업' 시스템과 같은 방식으로 운영되지만, 차이점이 하나 있다. 우선, 고객은 스마트폰을 터치해 픽업하러 출발한다는 것을 매장에 알린다. 매장 앞에 도착하면 한 번 더 터치해 도착했음을 알린다. 그러면 순식간에 매장 직원이 픽업 전용 주차장으로 물건을 가져와 구매한 제품을 차에 실어준다.

많은 온라인 구매 고객이 주문 상품 중 일부를 반품할 의도로 주문한다. 매장이 온라인 반품과 함께 매장 내 반품 과정까지 함께 처리하는 것은 대체적으로 어렵다. 그 결과 고객 대기 시간이 늘어나, 부정적인 고객 경험으로 이어질 가능성이 매우 높다. 그러나 제품을 빠르고 간단하게 반품할 수 있다면, 소매업체는 충성도 높은 고객을 확보할 수 있다. 이런 경우, 픽업 서비스와 마찬가지로 자동 반품 서비스도 제공할 수 있다. 이 둘은 비슷한 방식으로 운영되며, 모든 고객이 원하는 편리함과 속도를 만족시킬 수 있다.

픽업 및 반품 카운터를 매장 뒤쪽으로 옮기면 좋을 것이라고 생각하는 사람이 있을지 모른다. 고객이 카운터까지 가는 길에 많은 제품을 지나치면 제품을 구매할 확률도 높아질 것 같기 때문이다. 하지만 이는 완전히 잘못된 전략이다. 고객이 온라인 쇼핑을 하는 이유는 대부분 시간을 절약하기 위함이기 때문이다. 고객이 교환이나 반품을 위해 먼 길을 걸어야 한다면, 온라인 매장에 비해 불편하다고 생각하게 될 것이다. 또다른 이유도 있다. 바로 입구에 픽업 및 리턴 카운터를 설치하면 추가적인 판매 기회가 줄어든다고 누가 말했는가?

기업이 픽업 및 반품 서비스를 제공하면, 고객과 기업 모두가 여러 면에서 혜택을 받을 수 있다. 단, 한 가지 조건이 있다. 제대로 해야 한다.

CALL TO ACTION

- 빠르고 간단한 픽업 및 반품 서비스를 제공할 수 있는 방법을 명확히 하라.

- 주문된 상품이 창고에서 픽업 장소로, 픽업 장소에서 고객에게 짧은 시간 안에 전달될 수 있도록 프로세스를 조정하라.

- 매장 입구 근처의 접근성이 좋고 눈에 띄는 장소를 골라, 픽업 및 반품을 위한 특별 구역을 제공하라.

노드스트롬 NORDSTROM

특별 구역에서 픽업하기

노드스트롬 주식회사 Nordstrom Inc.는 미국 워싱턴 주 시애틀에 본사를 둔 미국의 고급 백화점 체인이다. 1901년에 설립되어, 현재 미국과 캐나다에 거의 400개의 매장을 보유하며 7만 명 이상의 직원을 두고 있다. 노드스트롬은 주로 의류, 액세서리, 신발, 화장품, 향수 등을 취급하며, 일부 매장에서는 웨딩 의상이나 가구를 판매하기도 한다.

가장 좋아하는 패션 매장에 재고는 떨어졌지만, 그럼에도 그 어떤 매장보다 제공받을 수 있는 것이 많다고 생각해보라. 이런 상상이 실현되는 곳이 있다면, 아마도 노드스트롬의 서비스 허브 지점인 '노드스트롬 로컬'일 것이다. 이곳에서는 온라인 주문 제품을 픽업하거나 반품할 수 있고, 개인 스타일링 서비스, 양복점, 청소 서비스, 네일케어 등도 준비되어 있다. 이 매장의 목표는 지역 사회의 일부가 되는 데에 있다. 고객은 그저 퇴근길에 지나가다 잠시 들르거나, 온라인 주문 상품을 수령하거나, 제품을 바로 입어 보기 위해 매장을 방문할 수 있다.

지역마다 다른 특별한 요구 사항에 꼭 맞는 서비스를 제공하기 위해, 노드스트롬은 각 지역의 고객을 잘 알아야 한다. 그들이 원하는 것이 무엇인지, 지역 커뮤니티에서 아직 사용할 수 없는 서비스는 무엇인지 이해하는 것이다. 어쨌든 모든 노드스트롬 로컬 매장이 공유하는 공통점이 하나 있다. 재고가 전혀 없거나, 전시된 상품이 거의 없다는 것이다. 또한 모든 지점에는 다양한 상품 픽업 및 반납 서비스도 있다.

'온라인 구매, 매장 내 픽업' 서비스는 노드스트롬 로컬의 필수 요소이다. 이는 매우 간단하다. 온라인에서 제품을 선택한 후 '매장 고르기Shop Your Store'를 클릭한 다음, 노드스트롬 지점을 선택한다. 주문하면 당일에 픽업할 수 있도록 준비가 되고, 고객에게 이메일로 알림이 전송된다.

시간이 없다면, 커브사이드 픽업 서비스를 이용해 차량이 있는 곳까지 제품을 가져다달라고 할 수 있다. 제품 픽업을 위해 출발할 때 '가는 중On My Way'을 클릭하고, 매장 앞의 커브사이드 픽업 구역에 도착한 후 멈춰서 '도착I'm Here'을 클릭하면 주문한 제품이 차량으로 배달된다.

반품 또한 빠르고 간단하다. 각 매장 직원은 문제없이 반품을 받아준다. 온라인에서 어떤 방식으로 주문했든 상관없이, 다른 소매업체에서 구매한 제품을 반품하는 것도 가능하다. 판매자가 무료 반품 서비스를 제공하지 않는 경우, 노드스트롬 로컬은 5달러까지의 배송비도 일시불로 지불해준다. 반품할 제품이 배송되기 시작하면, 고객은 곧바로 배송 번호가 포함된 이메일을 받게 된다.

노드스트롬 로컬을 이용하면 온라인 및 오프라인 쇼핑의 최고 장점만을 누릴 수 있다. 편리함과 속도, 쇼핑 경험과 인간적인 접촉 모두를 충족시켜주기 때문이다. 이를 통해 고객은 노드스트롬을 단순히 웹사이트나 지역 매장 중 하나로 생각하는 대신, 그 둘을 모두 갖춘 하나의 통합적인 매장으로 받아들인다.

콜스 KOHL'S

아마존 반품으로 이루는 성장

콜스는 반품과 관련하여 기존 틀에서 벗어난 기발한 아이디어를 내놓았다. 콜스 백화점 체인은 아마존과 파트너십을 맺고, 1150개가 넘는 콜스의 모든 매장에서 아마존에서 구매한 제품의 반품을 받아주기로 했다. 여기에서는 포장 상자나 라벨 없이도 반품할 수 있다. 고객을 위해 추가 비용 없이 제품 포장을 한 뒤, 아마존 반품 센터 중 한 곳으로 보내는 것이다. 왜일까? 자사의 매장으로 방문하는 고객의 수를 늘리기 위해서다. 반품 절차는 무척 간단하다. 반품할 제품을 아마존 계정에 입력하고 '콜스 드롭오프Kohl's Dropoff'를 반품 장소로 선택하면 된다. 그다음, 고객은 제품을 반납할 수 있는 가장 가까운 콜스 추천 매장에 방문하면 된다. 고객이 원한다면, 제품을 다시 포장하고 라벨을 직접 인쇄할 수도 있다. 이렇게 포장되지 않은 제품도 물론 반품할 수 있다. 드롭 오프 도어drop-off door 바로 앞에 아마존 반품 주차장이 있다. 매장에서는 고객을 위해 라벨을 스캔해서 반품을 접수해준다. 또한, 아마존 제품을 반품하는 모든 고객은 25퍼센트 할

콜스 코퍼레이션Kohl's Corporation은 1962년 처음 문을 연 옴니채널 소매업체다. 본사는 위스콘신 주 메노모니 폴스Menomonee Falls에 있다. 현재 미국에 1150개 이상의 매장이 있으며, 약 13만 명의 직원을 고용하고 있다. 평균 크기가 7896제곱미터에 이르는 매장에서는 독점 브랜드와 미국 브랜드의 의류, 신발, 액세서리, 미용 및 가정용품 등을 판매한다. 핵심 타깃 그룹은 온 가족을 위해 쇼핑하는 중간 소득의 35~55세 여성이다.

인 쿠폰까지 받을 수 있다. 이곳에서 고객 편의는 그 어떤 것보다 중시된다.

이 모든 서비스는 점점 늘어나는 아마존의 반품 비용을 줄이는 데 도움이 된다. 오늘날의 고객은 무료 반품을 기대하기 때문이다. 콜스의 경우, 아마존과의 협력을 통해 고객의 방문 빈도가 증가하므로 파트너 양측에게 윈윈 상황이 된다.

월마트 주식회사 Walmart Inc.는 소비자를 위한 시장, 할인점 및 식료품점 체인을 운영하는 미국의 소매업 그룹이다. 1962년에 설립되었으며 미국에서 가장 큰 식료품점인 동시에 세계에서 가장 큰 매출을 올리는 회사이기도 하다. 월마트는 27개국에서 55개의 다른 이름으로 1만1000개의 매장을 운영하고 있다. 220만 명의 직원이 일하는 월마트는 세계에서 가장 큰 민간 고용주이며, 평균 매장 크기는 약 1만6258제곱미터다.

월마트 WALMART

XL 사이즈 제품을 위한 '픽업 타워'

>>>>

월마트는 온라인 주문 고객이 제품을 집으로 배달하는 대신 가까운 매장에서 수령하면 할인을 제공한다. 제품을 고객에게 바로 전달하는 것보다 자체 매장으로 배송하는 것이 훨씬 저렴하기 때문이다. 이는 다른 온라인 공급업체보다 우위를 점하기 위한 현명한 조치다. 경쟁업체인 아마존은 고객에게 픽업용 락커를 제공하는데 그 크기가 제한적인 반면, 월마트의 고객은 '픽업 타워Pickup Tower'로 TV까지도 배달할 수 있다.

월마트는 현재 약 1700개의 '픽업 타워'를 매장에 보유하고 있다. 픽업 타워는 언제나 입구의 중앙에 위치해 고객이 상품을 신속하게 가져갈 수 있도록 한다. 높이가 약 4.87미터에 이르고, 폭이 약 45.7센티미터인 픽업 스테이션은 눈에 바로 띈다. 온라인 구매를 완료하고 스마트폰으로 픽업 코드를 받은 후, 매장에서 타워의 스캐너에 코드를 갖다 대면 된다. 10초에서 최대 45초 이내에 타워의 딜리버리 서랍이 열린다. 주문하고 결제된 제품은 바로 가져갈 수 있다.

월마트에는 거의 2500개에 달하는 식료품 보관함이 있다. 2020년 말까지 3000개 이상의 장소에 커브사이드 픽업을 만들 계획이다. 온라인으로 주문한 상품은 월마트 주차장으로 직접 배달되어, 직원이 직접 차에 실어줄 것이다.

반품은 또 다른 도전 과제다. 고객은 무언가를 교환하고 싶을 때마다 반품하려는 다른 고객들과 함께 줄을 서야 한다. 월마트는 고객에게 간단하고 원활한 반품 서비스를 제공하는 새로운 서비스도 개발했다. '모바일 익스프레스 반품Mobile Express Returns' 서비스는 거의 5000곳에서 이용할 수 있다. 월마트 앱을 열고 구입한 항목을 선택한 다음 '모바일 익스프레스 반품'을 클릭하기만 하면 된다. 클릭을 몇 번만 더 하면 스마트폰에 확인 코드가 나타난다. 이를 통해 해당 서비스 전용 쇼핑 라인인 '모바일 익스프레스 레인Mobile Express Lane'으로 곧장 가서, QR 코드 스캔 후 직원에게 상품을 전달하면 바로 다음 날 환불이 이루어진다.

픽업 및 반품에 있어서 월마트의 서비스는 확실히 고객의 관점에서 개발되었다고 할 수 있다. 간단함, 편리함, 빠름, 이렇게 우리가 오늘날 기대하는 요소를 모두 충족한다.

5. 배달 서비스

현대의 소비자는 음식, 식료품, 책, TV 등 그 어떤 제품도 언제든지 주문하고 집으로 배달할 수 있다. 소매점 매출에서 온라인 구매가 차지하는 비율은 지속해서 증가하고 있다. 오늘날, 디지털 소매점과 오프라인 소매점 사이의 경계는 그 어느 때보다 모호해지고 있다. 이에 따라, 소매업체가 언제든지 모든 제품을 배달해줄 수 있을 것이라는 소비자의 기대도 증가하고 있다. 배달 서비스는 앞으로 점점 더 중요한 역할을 할 것이다. 결과적으로 소매업체는 온디맨드on-demand(모바일을 포함한 정보통신기술 인프라를 통해 소비자의 수요에 맞춰 즉각적으로 맞춤형 제품 및 서비스를 제공하는 경제 활동. 차량을 소유한 개인과 차량이 필요한 개인을 스마트폰 앱 하나로 연결한 우버Uber가 가장 대표적인 모델이다.—옮긴이) 고객을 만족시키면서, 여전히 저렴한 가격으로 새롭고 빠른 배달 전략을 개발해야 한다. 이 서비스는 고객의 욕구를 충족시키고 편의성을 제공할 뿐만 아니라, 기업에게 서비스를 통해 경쟁사와 차별화할 기회를 제공한다.

소매업체는 온라인 구매 배송을 위한 창고로 수많은 지점을 사용할 수 있다.

전자상거래 기업은 일반적으로 중요한 허브 근처의 대형 창고에서 주문된 제품을 배송하는데, 이 창고가 반드시 고객과 가까운 것은 아니므로 배송에 며칠이 걸릴 수 있다. 이런 상황은 오프라인 소매업체에 유리하게 작용한다. 특히 매장 수가 많아 하루 또는 몇 시간 내에 상품을 배송할 수 있는 경우에는 더욱 그렇다. 물리적으로 가까운 위치에 있는 재고를 활용하여 온라인 구매 고객에게 서비스를 제공하면 배송에 드는 시간과 비용을 동시에 절감할 수 있다.

고객은 배달 건수가 많아질수록, 환경에 미치는 영향이 커진다는 것을 이미 알고 있다. 지속가능성에 대한 공개 토론을 배경으로, 이런 고객의 수는 최근 몇 년 동안 빠르게 증가하며 강한 영향력을 행사하고 있다. 따라서 지속가능한 배송 옵션은 중기적으로 구매 결정에 결정적인 요소가 될 것이다. 이런 상황을 고려하여 전 세계의 온라인 및 오프라인 소매업체는 전기자동차에서 자전거 택배에 이르기까지 다양한 배달 전략을 테스트하고 있다.

배달 목적지에도 더 이상 제한이 없다. 두바이나 암스테르담의 공항에서는 이미 음식을 게이트까지 직접 배달해주는 서비스를 제공하고 있다. 아마존은 미국의 제너럴모터스 차량 소유자에게 주차된 차량까지 직접 배달해준다. 배달원이 차량에 도착하자마자, 아마존 스캐너를 통해 원격으로 차량 잠금을 해제하라는 요청을 보낸다. 아마존은 지정된 차량을 주문 사항과 대조하고, 배송을 승인한 후 GMC 연결 서비스GMC Connected Services를 통해 차량의 잠금을 해제한다. 배달 물품이 전달되고 배달원이 다시 차를 잠그면, 고객에게 배달이 확인되었다는 메시지가 도착한다.

중국의 한 고급 소매업체는 중요한 고객에게 배달할 때 반드시 머리부터 발끝까지 흰색으로 차려입은 배달 기사가 검은색 프리미엄 차량을 이용해 아름답게 포장된 상품을 전달하도록 한다. 이는 일관된 브랜드 경험을 제공하여 경쟁업체와 차별화하는 기회가 된다.

배달과 관련해 더 많은 옵션이 테스트 중이다. 로봇이나 드론을 이용한 배달부터, 집에 아무도 없을 때 식료품을 냉장고로 직접 배달하는 것까지 말이다. 머지않아 이런 최신의 배달 형태가 일반화될 수 있을지 의구심이 들 것이다. 그러나 뒤돌아보면 익숙해지는 데 많은 시간이 걸린 혁신조차, 시간이 지남에 따라 당연한 일로 받아들여진다. 1990년대에, 소비자는 의구심이 들더라도 온라인 신용카드 결제에 익숙해져야 했다. 오늘날 신용카드 결제는 지극히 당연한 것이 됐다.

배달 서비스는 당신의 사업과 경쟁업체를 구별하는 특징이 될 수 있다. 배달 속도나 배달 관련 부가 서비스에서 경쟁력을 확보하거나, 제품 선택부터 구매, 배달까지 일관되게 편리한 쇼핑 경험을 제공한다면 말이다.

 # CALL TO ACTION

- 고객이 배송을 통해 얻는 부가가치가 무엇인지, 배달 과정에 통합할 수 있는 특별 서비스가 있는지 자문하라.

- 배달 서비스에 대한 고객의 수요가 충분한지 확인하라.

- 꼭 자사 배달원이 필요한 것은 아니므로, 배달 서비스를 제공할 수 있는 적합한 파트너가 있는지 고려하라.

이케아 IKEA

도시 거주자를 위한 쇼핑법

대도시의 이케아 고객은 소도시의 고객과 생활 방식이 다르다. 생활용품 및 가구에 대한 요구 사항은 일반적으로 생활공간의 크기에 따라 다르다. 대도시에 사는 고객에게는 작은 공간에 가능한 모든 생활용품을 수납할 수 있는 스마트한 솔루션이 필요하다. 또한, 이들은 모든 제품과 서비스를 바로 근처에서 접할 수 있다. 예를 들어 가구를 구입할 때 먼 거리에 있는 도시 외곽의 대형 상점까지 갈 필요가 없다는 것이다.

'이케아 플래닝 스튜디오IKEA Planning Studio'의 콘셉트는 대도시 사람들이 이케아에서 쇼핑하는 방식에 맞추어졌다. 매장의 크기도 일반 매장에 비해 상당히 작고, 런던, 뉴욕, 로스앤젤레스 및 시카고 같은 도심에서 오픈했다. 이케아 플래닝 스튜디오는 이케아 제품으로 작은 공간에서 생활할 수 있는 스마트한 아이디어를 제시한다. 또한 이곳에서는 간단한 온라인 예약을 통해 가구 전문가에게 무료로 상담을 받을 수도 있다.

모든 제품이 예외 없이 배송되기 때문에, 고객은 구입한 가구를 지하철을 타고 어떻게 가져올지 걱정할 필요가 없다. 배송비를 내면 수량 제한 없이, 거실 앞까지 직접 배달해준다. 이케아의 홈딜리버리 서비스는 빠르고, 저렴하고, 간편하다. 이케아는 배송 외에 다른 서비스도 제공한다. 조립 시간이 많이 걸리는 제품은 적은 비용에 대신 조립을 맡길 수 있다.

이케아는 자체 운송 차량을 보유하고 있지 않지만 DHL, UPS, 포스트노드PostNord와 같은 운송 파트너와 협력하여 전 세계 1만여 대의 차량으로 제품을 배송한다. 이케아는 2025년까지 협력 파트너의 모든 운송 차량을 환경친화적인 전기 자동차로 바꾸겠다고 약속했다.

'이케아 기획 스튜디오IKEA Planning Studios'는 고객의 요구에 완벽하게 맞추려고 노력한다. 그 핵심에는 제품뿐 아니라 모든 방면에서 편리하며, 제품의 선택, 배달, 조립까지의 과정을 포괄하는 서비스가 있다.

이케아IKEA는 세계 최대의 가구 판매업자다. 1943년, 당시 17세였던 잉바르 캄프라드에 의해 스웨덴에서 설립됐다. 현재 이케아는 21만1000여 명의 직원을 고용하고 있다. 이케아는 50개국 이상에 있는 400개 이상의 매장에서 바로 조립할 수 있는 가구, 주방용품, 가정용품을 디자인하고 판매한다.

"
고객은
소매업체가
언제든지
모든 제품을
배달해줄 수
있을 것이라고
기대한다.
"

세븐일레븐 7-Eleven

배달 및 관리

세븐일레븐 재팬 주식회사SEVEN-ELEVEN JAPAN CO., LTD.
는 일본 도쿄에 본사를 둔 편의점 체인이다. '세븐일레븐'
이라는 이름은 1940년대에 매장 영업시간이 오전 7시
부터 밤 11시까지였던 데서 유래했다. 세븐일레븐 브랜
드는 전 세계 17개국에 6만9000개 이상의 매장을 보유
하고 있는데, 이중 2만 개 이상이 일본에 있다.

일본에서는 어디를 가든 편의점이 있다. 일본의 편의점은 합
리적인 가격에 식료품을 제공하는 동네 상점이라고 할 수 있
다. 교통수단을 이용하지 않고도 갈 수 있기 때문에, 노인 인
구에게 특히 중요하다. 이는 전체 인구에서 고령층 비율이 특
히 높은 일본에서 매우 중요한 요소다. 고객 네 명 중 한 명은
65세 이상이기 때문이다. 세븐일레븐은 이 타깃 그룹에 따
라 제품과 서비스를 조정했으며, 전체 매장의 70퍼센트에서
배달 서비스를 제공한다.

일본 편의점은 다양한 식료품과 생활용품을 판매하며 주거
지역과 가까운 곳에 있다. 세븐일레븐은 고객에게 일반적인
제품 외에 식사도 배달해주는데, 이때 노인들이 나트륨 함량
이 적은 영양식을 제공받을 수 있도록 한다. 이 서비스를 이
용하려면 세븐밀7-Meal 회원이어야 한다.

온라인뿐 아니라 매장을 방문할 때에도, 식료품과 함께 식사
까지 주문할 수 있다. 대부분의 경우 지역 편의점 직원이 집
까지 직접 배달해준다. 이는 실용적인 배달 서비스이면서 동
시에 반가운 방문 경험이기도 한데, 단골 고객과 직원이 수년
간 알고 지내는 경우가 많기 때문이다. 특히 혼자 살고 외로
워하는 노인들에게는 집에서 낯익은 얼굴을 보는 것이 기분
좋은 일이다.

배달 서비스는 시작에 불과하다. 세븐일레븐은 인구 통계 및
기타 사회 변화에도 대응하고 있다. 세븐일레븐의 이런 접근
은 편의점이 지방 당국과 파트너십을 맺는 단계까지 확장되
었다. 이 파트너십을 통해 세븐일레븐 직원은 배달 업무를 수
행하면서 노인 고객의 건강도 확인하게 되었다. 고객에게 우
려되는 상황이 발생한 경우, 당국에 통보해 도움을 제공받을
수 있다.

세븐일레븐은 편의점이 지역 커뮤니티의 일부임을 인식했다.
또한, 세븐일레븐은 부분적으로 노화와 관련된 문제에 대한
솔루션 기능을 한다. 세븐일레븐의 혁신적인 배달 서비스는
경쟁사 및 온라인 매장과 뚜렷하게 차별화되며, 이는 기업에
긍정적인 영향을 준다.

4장
지속가능성

RETAIL

소매업은 그 어느 때보다 고객에게 면밀하게 관찰되고 있다. 그들은 지속가능성과 환경 문제에 대한 기업의 입장을 정확히 알고 싶어 한다. 누가, 어디서, 어떤 조건에서 제품을 생산했는가? 기업은 지속가능한 방식으로 매장을 운영하기 위해 어떤 조치를 취하고 있는가? 환경친화성과 관련하여 고객은 이제 절대적인 투명성을 요구하며, 이는 구매 결정에 점점 더 많은 영향을 미치고 있다. 플라스틱과 종이 쓰레기를 분리하고, 매장 전체에 친환경 LED 조명을 사용하는 것도 좋지만, 이제 이 정도만으로는 턱없이 부족하다. 고객은 훨씬 더 많은 것을 기대한다.

지역 내 재생 가능한 원자재를 사용하는 매장 디자인부터 매장의 에너지 및 물 사용까지, 재활용과 재사용, 폐기물 최소화

N'T

AD

2래 사용할 수 있게 하는 새로운 전략이 필요하다. 이

새로운 접근 방식은 대여 및 구독 모델에서, 제품의 자

재매입을 위한 준비까지 다양하다.

장에서는 지속가능성과 관련하여 소비자의 기대를 충

있는 방법을 다룬다. 창의적이고 혁신적이면서도 환경

. 운영 방식을 보여주는 성공 사례가 여럿 있다.

업의 지속가능성은 여전히 뜨거운
다. 그런데 애초에 소매업자들이
가능성에 초점을 맞춰야 하는 이
무엇일까? 물론, 미래 세대가 고향
고 부를 수 있는 행성이 남아 있게
한다는 윤리적인 이유도 있다. 하
이보다도, 기업이 지속가능한 사
행을 추구하는 것이 소비자에게
더 중요해지기 때문이다. 이는 고
게 브랜드의 핵심 차별화 가치로
잡은 지 오래다.

디자인이나 쇼윈도 디스플레이
지속가능성을 고려해야 한다. 첫
단계는 지역의 재생 자원을 재료
용하는 것이다. 완전히 재활용 가
재료로 만들어진 마네킹과 옷걸
이미 생산되고 있다. 게다가 지속
한 디자인을 채택하면 비용도 절
수 있다.

째 요소는 에너지 소비다. 일부 기
지붕에 자체적으로 전기를 생산
태양광 패널을 두고 있다. 창문과
창을 사용하면 인공조명을 사용해
필요성이 줄어든다. 또한, 자연광
람들의 만족도와 웰빙에 긍정적
향을 미친다는 장점까지 얻을 수

있다. 아울러
기뿐만 아니라
물을 절약하
용하라. 제품
객까지 물 소
략을 개발하
을 덜 자주 서
있다. 대기 오
사람들이 대
를 선택하게
릴지 모르지
국 일부 도시
청정기가 설
고한다. 디스
정도를 확인할
극적으로 활
데, 나무와 재
디자인에 포함
할 수 있다.

기업이 폐기물
작으로, 오프
을 구현하는
가능한 재료
객에게 수거할
다. 일부 소매
'사전 재활용',

 # CALL TO ACTION

- 매장 및 쇼윈도 디자인에 재활용 가능한 재료와 지역에서 생산된 재생 가능 자원을 사용하라.

- 에너지와 물 소비를 줄이는 방법을 찾으라. 모든 사업 영역에서 생기는 폐기물을 최소화하고, 재활용하고, 제품을 재사용하라.

- 매장 내 커뮤니케이션 및 워크숍을 통해 고객에게 지속가능한 생활 방법을 보여주도록 하라. 매장, 웹사이트 및 소셜 미디어에서 지속가능성을 위한 행동 수칙을 전달하라.

- 친환경적인 구매 행동에 대한 보상을 제공하는 고객 로열티 프로그램을 개발하라.

보틀탑 BOTTLETOP

로봇이 인쇄한 매장 디자인

보틀탑BOTTLETOP은 영국 액세서리 브랜드 멀버리Mulberry
와의 디자인 콜라보레이션을 위해 2002년에 설립됐다.
이 회사는 지속가능성을 고려해 업사이클링 소재를 사
용한 고급 핸드백을 제조한다. '보틀탑(병뚜껑)'이라는
이름은 첫 가방 컬렉션이 병뚜껑을 활용해 만들어진 데
서 유래했다. 기업의 중심이 되는 보틀탑 재단BOTTLETOP
FOUNDATION은 건강 교육 프로그램을 통해 에티오피아, 케
냐, 말라위, 모잠비크, 르완다, 짐바브웨, 브라질 및 영국
의 젊은이들을 지원한다. 이 회사는 현재 런던에서 매장
을 운영하고 있다. 보틀탑의 제품은 다양한 멀티라벨 럭
셔리 공급업체에서 제공된다.

보틀탑 브랜드는 지속가능한 사치품, 윤리적 디자인, 기술 혁
신 및 문화 간 협업을 추구한다. 이러한 가치와 지향은 제품
군과 관련된 모든 제조 프로세스를 결정한다. 특히 런던의 리
젠트 스트리트에 있는 보틀탑 플래그십 스토어는 이러한 요
건을 일관되게 지켜나가고 있다. 지속가능성은 제품군 선택
에서 시작해 매장 디자인에까지도 적용된다. 이러한 매장 디
자인은 낭비 없는 설계를 통해 친환경적인 건물을 구현하는

것을 의미한다.

런던 매장의 인테리어는 2개월에 걸쳐 천천히 발전해 나갔
다. 이 기간 고객이 재활용 과정과 매장에서 새롭게 생성되는
것들을 가까이에서 경험할 수 있도록 영업이 계속되었다. 매
장 벽은 반복되는 3차원의 패턴으로 구성되어 있는데, 이 벽
은 3D 프린팅 로봇을 통해 고객이 보는 앞에서 재활용된 플
라스틱 병으로만 만들어졌다. 플라스틱 원료는 먼저 세척, 분
쇄, 압출하여 준비된 후 독특한 매장 디자인에 사용될 수 있
다. 벽이 완성되는 데 총 6만 개 정도의 재활용 플라스틱 병
이 재사용되었다.

매장 천장은 3D 프린팅으로 만들어진 격자 구조에 수천 개
의 캔이 매달린 금속 지붕으로 구성되어 있다. 바닥은 마모된
자전거 타이어로 만들어졌다. 따라서 매장의 모든 영역을 생
태계 오염이나 낭비되는 자원 없이 구성한 것이다.

매장이 변화하는 제한된 시간 동안, 고객은 로봇과 상호작용
할 수 있었다. 또한, 고객에게는 플라스틱 필라멘트로 인쇄된
개인 맞춤형 보틀탑 백 펜던트도 주어졌다. 따라서 방문객들
은 쇼핑하면서 보틀탑의 지속가능성과 혁신을 직접 경험하
고, 브랜드 사명의 생태적 배경에 대해 더 많이 알 수 있게 되
었다.

이케아 IKEA

템스 강가의
지속가능성 최강자

≫ ≫

이케아에 있어서, 지속가능성은 단순한 보여주기식 캐치프레이즈가 아니라 기업 철학의 핵심 요소다. 그리니치 런던 지구에 매장이 문을 열면서, 디자인과 건축뿐 아니라 지속가능성 측면에서도 새로운 기준이 마련됐다. 지역 사회에서 더 건강하고 지속가능한 생활 방식을 이끌어내는 것이다. 이케아 그리니치 지점은 2019년에 영국에서 가장 지속가능한 매장으로 공식적으로 선정되었다.

매장 전체는 재생 가능한 자원으로만 만들어졌다. 현장에서 나오는 무독성 건설 폐기물의 99퍼센트가 재활용되었다. 지붕은 거의 전체가 태양 전지판으로 덮여 있어, 건물에 전기를 공급한다. 유리와 채광창이 일정하게 설치되어, 낮 동안에는 밝은 빛이 실내를 비춰 LED를 기반으로 한 인공조명이 거의 필요하지 않다. 겨울철에는 환경친화적인 지열 난방 시스템으로 매장을 난방하고, 빗물을 이용하여 물 소비량도 절반으로 낮춘다.

건물 옥상에는 최대 500명까지 수용할 수 있는 테라스가 있다. 옥상 정원은 공기 정화를 가장 많이 하는 식물로 꾸며져 있으며, 고객과 직원 모두에게 열려 있다. 이 외에도 요가나 명상 코스, 워크숍 등에 다양하게 사용할 수 있는 별도의 공간도 마련되어 있다.

이케아 그리니치 지점은 소비자에게 생활 방식을 완전히 바꾸지 않고도, 지속가능한 삶을 영위할 수 있는 방법을 알려주는 다양한 소비자 교육 프로그램을 제공한다. 이런 워크숍에서 전문가들은 낭비를 줄이고, 가구를 수리하거나 재설계

하고, 직물을 재사용하는 방법 등에 대한 지식을 공유한다. 젊은 세대를 생각하는 게 바로 지속가능성 아니겠는가? 이케아는 지역 학교와 긴밀히 협력하여 어린이들에게 성장, 영양, 에너지 절약에 대한 전문 지식을 전달한다. 이를 통해 어린이들은 음식, 물, 에너지 등 모든 자원을 정말로 필요한 정도만 사용해야 한다는 것을 배운다. 이케아는 또한 인근 생태 공원에 자금을 지원하여 지역의 야생 동물도 보호한다.

이게 전부가 아니다. 매장은 고객이 환경친화적인 방법으로 찾아올 수 있는 곳에 위치한다. 고객은 자전거와 도보는 물론, 심지어 배를 타고도 매장에 쉽게 찾아갈 수 있다. 이케아 매장 앞에는 수많은 자전거 스탠드가 마련되어 있다.

에너지 절약, 재활용 및 업사이클링을 통해 이케아 그리니치 지점은 지역 사회뿐 아니라 전 세계 오프라인 소매업체의 롤모델이 되고 있다. 이보다 더 지속가능한 매장을 만드는 건 거의 불가능하다고 볼 수 있다.

> **이케아**IKEA는 세계 최대의 가구 판매업자다. 1943년, 당시 17세였던 잉바르 캄프라드가 스웨덴에서 설립했다. 현재 이케아는 21만1000여 명의 직원을 고용하고 있다. 이케아는 50개국 이상에 있는 400개 이상의 매장에서 바로 조립할 수 있는 가구, 주방용품, 가정용품을 디자인하고 판매한다.

오리기날 운페어팍트 유한책임회사 Original Unverpackt GmbH 는 2014년 베를린에서 문을 연 독일 소매업체다. 매장에서 곡물 제품, 뮤즐리, 소스, 오일, 파스타, 향신료, 차, 치약, 샴푸, 컨디셔너, 화장품, 세정제 등 600여 종의 다양한 제품을 판매한다.

독일어로 '포장이 없는'이라는 의미의 '운페어팍트Unverpackt'에서 알 수 있듯, 쓰레기를 만들어내지 않는 것을 추구하기 때문에 모든 제품을 포장 없이 판매한다. 오리기날 운페어팍트의 팀은 20명의 직원으로 구성되어 있다.

오리기날 운페어팍트 ORIGINAL UNVERPACKT

직접 채워가는
슈퍼마켓

»»

오늘날, 치약부터 뮤즐리까지 거의 모든 일상 용품에는 포장재가 있다. 때로는 포장 안에 또 추가 포장재가 있는 경우도 있다. 우리 모두가 일상용품의 포장 낭비를 막을 수 있다면, 이 작은 실천이 이미 지구에 엄청난 영향을 미쳤을 것이다. 이것이 바로 오리기날 운페어팍트의 이념이다. 오리기날 운페어팍트 매장에서는 단 하나의 포장재도 찾아볼 수 없다. 그 대신, 고객이 직접 담아갈 수 있도록 모든 제품이 큰 디스펜서에 담겨 있다.

구매를 원하는 사람은 집에서 재사용이 가능한 용기나 병을 가져와야 한다. 그런 다음, 가져온 용기의 무게를 측정하면 용기의 무게가 적힌 작은 라벨을 받을 수 있다. 라벨을 원치 않는 사람은 오리기날 운페어팍트에서 재사용 가능한 용기를 받을 수 있는데, 이 경우에는 앞으로 구매할 때 용기 무게를 측정하지 않아도 된다. 그런 다음 쇼핑을 시작할 수 있다. 용기에 원하는 제품을 많든 적든 필요한 만큼만 채우면 된다. 계산대에서 용기 무게를 측정하고, 라벨에 적힌 무게를 빼고, 용기에 담긴 제품값만 지불한다. 모든 것은 무게로 계산된다. 일반적으로 포장비는 제품 가격에 포함되므로, 오리

기날 운페어팍트의 제품은 대부분 훨씬 저렴하다.

오리기날 운페어팍트는 전체 공급망에서 플라스틱을 사용하지 않으며, 대신 종이를 사용하여 포장재 낭비 최소화를 위해 모든 노력을 기울인다. 환경에 영향 주는 것을 피하고자, 주로 지역 내에 위치한 유기농 회사를 통해 제품을 배송한다. 제품 포장재가 없기 때문에 브랜드가 표시되지 않는다. 다시 말해, 로고, 사진 혹은 브랜드 색상과 같은 것을 찾아볼 수 없다. 이상해보일 수도 있겠지만, 고객은 신경 쓰지 않는다.

식품 외의 제품을 판매하는 온라인 매장도 있다. 여기서는 배달할 때 플라스틱을 사용하지 않으며, 배송 상자를 재사용하는 업사이클링을 해결책으로 삼는다.

오리기날 운페어팍트가 내리는 모든 기업 단위 의사결정은 항상 지속가능성을 염두에 둔다. 이들의 목표는 낭비를 줄이고, 지속가능하게 사는 것이 사실은 아주 쉽다는 것을 대중에게 알리는 것이다. 오리기날 운페어팍트 팀이 일상 업무를 통해 고객에게 전달하는 경험이 바로 이것이다.

"지속가능성은
브랜드의
핵심 차별화
요소다.
"

에코플라자 EKOPLAZA

플라스틱 프리 통로

플라스틱 폐기물은 전 세계 사람들이 주목하고 있는 심각한 이슈다. 드디어 정치인들도 이 문제의 심각성을 인지하기 시작했다. 플라스틱 폐기물은 해양 생태계에 막대한 피해를 주고, 먹이 사슬을 위협하기 때문이다. 미세 플라스틱과 독성 플라스틱 첨가물질은 바다와 물고기뿐 아니라, 곤충과 새를 통해서도 우리의 식탁까지 도달한다. 즉, 플라스틱은 이미 우리 안에 있다. 전 세계 플라스틱 포장재 사용량 중 상당 비율이 식품 소매업에서 나온다. 이에 따라 에코플라자 2018은 고객이 쉽게 '플라스틱 발자국plastic footprint', 즉 개인의 플라스틱 폐기물 생산량을 더 쉽게 줄일 수 있도록 하는 프로젝트를 시작했다. 에코플라자는 세계 최초의 플라스틱 없는 슈퍼마켓 통로인 이른바 '플라스틱 프리 통로Plastic Free Aisle'를 만들어냈다.

이 매장에서는 쌀, 우유, 초콜릿, 요거트, 과일, 채소부터 소스, 육류 등에 이르기까지 약 700가지의 식재료를 판매한다. 이 모든 것은 유리, 금속, 판지, 바이오필름으로 제공된다. 바이오필름은 퇴비로도 쓸 수 있는 식물 기반 재료로 셀룰로

유기농 마켓 체인인 **에코플라자**는 1999년 설립됐으며 본사는 네덜란드 베겔에 있다. 에코플라자는 현재 네덜란드에서 80개 이상의 슈퍼마켓을 운영하고 있다.

스, 목재 펄프, 조류, 풀, 옥수수 전분, 새우 껍질 등으로 만들어진다.

식품 소매업에서 쓰레기를 대폭 줄이자는 아이디어는 새로운 것이 아니다. 요즘은 고객이 가져온 용기에 제품을 채우도록 하는 '쓰레기 없는 매장'이 상당히 많아졌다. 이러한 시스템과 '플라스틱 프리 통로'의 가장 큰 차이점은, 에코플라자가 소비자의 일반적인 쇼핑 습관과 가장 잘 맞다는 점이다. 에코플라자에서는 용기를 가져와서 물건을 채우고 무게를 잴 필요가 없다. 쓰레기를 줄이는 쇼핑 방식으로 전환하기까지의 단계를 훨씬 더 쉽게 만드는 것이다.

식료품 체인인 에코플라자는 지속가능성 전략을 슈퍼마켓 지점의 지향점으로 확장할 수 있었다.

2. 대여, 중고판매, 재설계

패스트패션 시장의 발전은 의류의 실제 수명이 예상 수명과 크게 차이 난다는 것을 단적으로 보여주는 예시다. 기술적으로 거의 모든 의류 제품은 실제 사용 기간보다 수명이 훨씬 길다는 뜻이다. 젊은 소비자들을 중심으로 의류의 착용 수명을 연장하기 위한 전략의 필요성이 수면 위로 떠올랐다. 지금까지 소매업의 지속가능성에 대한 노력은 대부분 환경친화적인 생산 및 공급망에 집중됐다. 하지만 소비자에게 이는 더 이상 충분하지 않다. 다행히도, 이런 배경을 바탕으로 소비자의 요구를 만족하면서도 고객이 긍정적으로 받아들일 수 있는 새로운 콘셉트가 개발되었다.

요즘은 차량이나 가구뿐 아니라, 의류와 액세서리에 이르기까지 거의 모든 소비 영역에 구독 및 대여 모델이 존재한다. 대여에 대한 고객의 인식이 바뀌었기 때문에, 사치품이나 프리미엄 제품뿐 아니라 거의 모든 영역에서 대여 사업이 활발하게 이루어지고 있다. 예전에는 가장 친한 친구에게 옷 한 벌 빌리는 정도였던 대여라는 개념이, 이제는 성공적인 비즈니스 모델이 되었다.

재판매 프로그램은 더 이상 틈새 전략이 아니다. 구매 결정에 지속가능성을 포함하려는 고객의 수가 꾸준히 증가하고 있기 때문이다. 빈티지나 중고 제품을 위한 팝업 매장을 열면, 기성 브랜드도 직접 테스트할 수 있다. 제대로 구현하면 고객 방문 빈도가 높아지고, 타깃 그룹이 확대되며, 고가 브랜드를 구매력이 낮은 고객에게 소개할 수 있게 되는 등 잠재적 장점이 많다.

자사 제품을 다시 매입하는 것 또한 브랜드와 고객 모두에게 이점을 제공한다. 좋은 전략을 세우기 위해서는 반품된 제품이 합리적이고 지속적으로 사용된다는 것을 보장하고, 참여 고객에게 보너스 프로그램을 제공해야 한다.

예를 들어, 소비자가 옷을 반품할 경우 쿠폰을 제공하는 것이다. 이렇게 하면 고객의 매장 방문을 유도할 수 있을 뿐 아니라, 고객이 돌아가는 길에 새로운 제품을 구매할 가능성도 높아진다.

제품 가공이나 수리 서비스는 고객에게 영감을 줄 수 있는 또 다른 도구다. 워크숍이나 이벤트를 통해 기업의 지속가능한 이미지와 고객의 브랜드 충성도를 모두 강화할 수 있다.

대여 및 재판매 모델의 급속한 성장은 이 전략이 유망하다는 것을 증명한다. 고객이 이를 통해 얻는 이점은 분명하다. 가격 대비 성능이 우수하고, 비싸서 구매할 수 없었던 제품을 구매할 수 있다는 것이다. 동시에 제품의 사용 수명을 연장하기 위해, 보다 지속가능한 방식으로 제품을 취급해야 한다는 의견이 증가하고 있다는 점에도 주목해야 한다.

 # CALL TO ACTION

- 제품 대여, 중고판매, 재매입, 가공 중에서 고객에게 가장 큰 이점으로 작용하며, 자주 이용될 것으로 예상되는 전략을 고려하라.

- 이 전략 중 하나 이상을 선택한 후 해당 전략의 적용 절차를 고려해 전체 사업 프로세스에 통합될 수 있도록 하라.

- 이 과정에서 지속가능성이라는 개념에서 멀어지지 말라. 전략을 외부로 전달할 때 지속가능성에 집중하고 있음을 보여라.

'꿈의 옷장'에서
옷 고르기

BA&SH는 의류, 가방, 액세서리, 신발을 저렴한 가격에 판매하는 프랑스의 프리미엄 패션 브랜드다. 2003년에 설립되었으며 파리에 본사를 두고 있다. 현재 200개 이상의 매장이 있으며, 그 중 대부분이 프랑스에 있다. BA&SH 제품은 프리미엄 백화점과 인터넷을 통해 전 세계에 판매된다. 타깃 그룹은 여성스럽고 편안한 패션 스타일을 추구하는 모든 연령대의 여성이다.

'꿈의 옷장The Dream Closet'은 BA&SH 뉴욕 매장의 고객들이 '꿈의 옷장'에서 여러 가지 의상을 마음껏 입어볼 수 있도록 한 실험이다. 마치 주말 동안 가장 친한 친구에게 옷을 빌리는 것과 비슷하다. 물론 이 옷장의 선택 범위는 훨씬 더 넓고 고급스럽다.

'꿈의 옷장Dream Closet'은 '공유 경제'의 중요성이 점점 커지고 있는 뉴욕 여성들의 현대적인 라이프스타일에 잘 들어맞는다. 공유 경제란 항상 모든 물건을 한꺼번에 소유하는 대신, 옷이나 다른 물건들을 빌려서 사용하는 것을 의미한다. 대여 문화의 인기가 증가하는 이유는, 지속가능한 생활 방식에 대한 논란이 커지고 있기 때문이다. 가구에서 전기 스쿠터, 의류까지 모든 분야의 제품이 다른 사람들과 함께 사용할 수 있도록 대여되고 있다.

뉴욕 근교 소호의 BA&SH 매장은 이렇게 운영된다. 매주 금요일 해피 아워에 고객은 월요일 오후 7시까지 반납하는 조건으로 특별한 때에 사용할 물건을 무료로 빌릴 수 있다. 신용카드에 요금이 청구되지는 않지만, 보안 목적으로 신용카드 번호를 남겨야 한다. 이 서비스는 지금까지 놀라운 성과를 거두었다. 모든 의류는 완벽한 상태로 반환됐다.

옷을 무료로 제공하면, 고객들이 그 브랜드를 더 쉽게 발견할 수 있다. BA&SH는 이를 통해 젊은 쇼핑객에게 브랜드를 알릴 수 있었고, 제품을 빌린 일부 고객들은 '꿈의 옷장' 덕분에 구매 고객으로 전환되었다.

의류 대여 구독 서비스

고객의 소비자 행동은 변화했다. 특히 젊은 고객들이 지속가능한 쇼핑과 같은 새로운 소비 모델을 찾으면서, 대여와 중고판매가 주요 패션 트렌드로 자리 잡았다. 아메리칸이글은 의류 대여 모델 '아메리칸이글 스타일 드롭American Eagle Style Drop'으로 이러한 고객 니즈를 정확히 충족시켰다. 월 49.95달러로 고객은 3개 품목을 한 번에 대여해, 원하는 만큼 자주 교환할 수 있다. 만일 이 제품 중 하나를 구입하고 싶다면 할인도 받을 수 있다. 월정액에는 배송비와 세탁비까지 포함되어 있다. 소비자들은 이 매력적인 서비스에 열광했다. 아메리칸이글은 재판매에 대해 특별한 전략을 쓰고 있다. 이를 위해 우선 인기 리세일 브랜드 어반 네세시티즈Urban Necessities와 제휴를 맺었다. 라스베이거스에 본사를 둔 이 회사는 인기 있는 운동화 제품의 리세일을 전문으로 한다. 이를 통해 아메리칸이글의 제품군을 보충할 수 있는데, 여기에는 150달러부터 5만 달러까지 다양한 가격대의 운동화가 포함된다. 예를 들어, 영화 「백 투 더 퓨처」에 등장하는 것 같은 셀프레이싱self-lacing 나이키 운동화도 여기에서 찾을 수 있다.

뉴욕 근교 소호 지역에 176제곱미터 면적의 팝업 매장이 열렸다. 트렌디한 데님과 멋진 운동화의 조합은 그야말로 완벽

아메리칸이글 아웃피터스 주식회사 American Eagle Outfitters, Inc.는 펜실베이니아 주 피츠버그에 본사가 있는, 미국의 라이프스타일 의류 및 액세서리 체인이다. 1977년에 설립되어 현재 4만여 명의 직원을 고용하고 있으며, 전 세계적으로 1200개 이상의 매장을 보유하고 있다. 평균 492제곱미터 크기의 매장에서 여학생과 남학생에게 어울리는 세련된 의류, 액세서리 및 케어 제품을 판매한다. 고객의 평균 연령은 15~25세다.

했다. 제품의 종류가 달라 경쟁 관계에 놓이지 않고, 서로를 보완했기 때문이다. 두 브랜드의 제품 가격대는 다르지만, 브랜드 자체는 크게 다르지 않다. 이를 통해 어반 네세시티즈 고객 10명 중 4명은 아메리칸이글 제품을 착용하게 됐다. 이 새로운 파트너십을 위한 청사진은 이미 계획되어 있다. 아메리칸이글이 운동화 리세일 브랜드 어반 네세시티즈의 지분을 인수한 것은 아주 현명한 조치였다. 이를 통해 아메리칸이글은 지속해서 소비자층을 확대하고, 자체 매장에서 고객 방문 빈도를 높일 수 있게 됐다.

알이아이 REI

중고 장비 교환, 아웃도어 애호가를 위한 교환 플랫폼

알이아이REI의 경영 전략 중 하나는 지속가능성이다. 이에 따라, 아웃도어 장비 전문 판매점인 REI는 교환부터 대여 및 중고장비 판매까지, 제공하는 프로그램의 범위를 확대했다. 매장의 교환 플랫폼을 시작으로, 기업의 지속가능성 이니셔티브initiative(주장이 되는 위치에서 이끌거나 지도할 수 있는 권리. 주도권을 뜻한다.—옮긴이)가 더 확대됐다. 결국, 대여 및 리세일은 비용 절감뿐만 아니라 제품이 땅에 버려지는 것을 막는 데도 도움이 된다. 이는 결국 순환 경제로 나아가는 큰 발걸음이 된다.

지속가능성에 대한 꾸준한 노력의 일환으로, REI 매장은 교환 및 구매 플랫폼인 '중고 장비 교환Used Gear Swaps' 이벤트를 정기적으로 주최한다. 회원들은 살짝 망가지거나 멀쩡한 아웃도어 장비를 다른 회원과 교환할 수 있다. 이 이벤트는 REI 회원들에게 무료로 제공된다. 20달러를 한 번만 지불하면 평생 회원권 이용이 가능하다. 자전거, 스키, 보트, 텐트, 배낭에서 손전등까지 아웃도어에 대한 열정을 불태울 수 있

도록 하는 모든 장비를 찾을 수 있다. '중고 장비 교환' 이벤트에 직접 참석하기 어려운 회원은 온라인으로도 중고 장비를 구매할 수 있다. 이를 '리커머스Re-Commerce'(기존에 사용하던 제품을 재거래한다는 의미. 보상판매와 교환판매 방식을 결합한 제품판매 전략.—옮긴이)라고 부른다. REI는 중고 제품을 저렴한 가격에 재판매할 수 있는 자체 웹사이트까지 개발했다.

리커머스 외에도 장비 대여 프로그램은 REI의 지속가능성 이니셔티브 중 하나다. 대부분의 REI 지점은 스키 부츠, 스키, 스노보드, 캠핑 및 백팩킹 세트에 대한 대여 서비스를 제공한다.

제품이 재판매용인지 대여용인지는 중요하지 않다. 이 사업 모델은 훌륭하고 지속가능하며, REI는 이를 통해 성공 가능성을 보여줬다.

레크리에이션 장비 주식회사Recreational Equipment, Inc.는 미국의 아웃도어 소매 기업이다. 1938년에 설립된 REI는 워싱턴 주 켄트에 본사를 두고 있다. 150개가 넘는 매장에서 고객에게 스포츠용품, 캠핑 및 여행 장비, 의류 등을 판매하고 있으며, 여행 및 아웃도어 관련 수업과 같은 서비스도 제공된다. 현재 1만3000명 이상의 직원이 근무 중이다. 타깃 그룹은 아웃도어 활동을 가끔 즐기는 사람부터 경험 많은 모험가까지, 다양한 남성과 여성을 포함한다.

WE'D LIKE OUR CLOTHES BACK NOW THANKS VERY MUCH.
70 pounds of clothing

업사이클링 실험장

> **아일린 피셔**는 미국의 패션 디자이너이자 동명의 소매업체 아일린피셔 주식회사Eileen Fisher Inc.의 설립자다. 창업 2년만인 1986년 뉴욕 맨해튼에 첫 매장을 열었다. 오늘날 그의 여성 패션, 액세서리, 신발은 전 세계 62개의 매장과 약 1000개의 백화점과 전문점에서 판매되고 있다. 현재 1200명 이상의 직원이 근무하고 있다. 아일린피셔의 주요 타깃은 35~55세 여성이다.

'갱신Renew'은 패션 브랜드 아일린피셔Eileen Fisher가 채택한 혁신 전략의 이름이다. 지속가능성을 입증하여 고객에게 더 친환경적인 라이프스타일을 제공하고자 하는 것이 아일린피셔의 목표다. 아일린피셔는 이 야심 찬 이니셔티브를 몇 번이고 성공해냈다.

'갱신' 프로그램은 의류의 라이프 사이클을 연장하기 위해 이미 몇 년 전부터 개발되어왔다. 이 프로그램의 콘셉트는 옷을 원하는 만큼 오래 입은 뒤, 다른 사람에게 옷을 물려주는 것이다. 고객이 아일린피셔 의류를 매장에 다시 가져오면, 고객은 아일린피셔 전 매장에서 사용할 수 있는 5달러짜리 쿠폰을 받는다. 이렇게 받은 중고품은 워싱턴주 시애틀 또는 뉴욕주 어빙턴에 있는 재활용센터 중 한 곳으로 보내진다. 완벽한 상태의 의류만 재판매되기 때문에 재활용센터에서는 제품에

류는 환경친화적 공정을 거쳐 온라인 매장 혹은 아일린피셔의 일부 매장에서 저렴한 가격에 재판매된다. 2009년부터 약 130만 벌 이상의 의류가 반납됐고, 소매업체들에게 지속가능성의 새로운 길을 보여주고 있다.

최근 아일린피셔의 지속가능성 혁신의 모습은 브루클린 매장으로 대변된다. 뉴욕주 브루클린에는 아일린피셔의 철학이 반영된 4900제곱미터 크기의 매장이 생겼다. 이 매장은 브랜드의 최신 제품을 판매하는 것을 넘어, 브랜드의 가치를 가시화하고 지속가능한 의류 처리 공정을 위해 지역사회의 반응을 끌어내는 목표를 지닌다. 이곳은 독점 컬렉션, 커뮤니티 이벤트 이상의 것들이 있는 진정한 실험장이다.

매장 내부와 외부에서 고객은 휴식을 취하거나 수공예품을 체험하는 등 다양한 이벤트에 참여할 수 있다. 고객 워크숍에서는 옷의 수명을 연장하는 수선, 바느질, 세탁법도 배울 수 있다. 지속가능성과 의류의 수명 연장에 관심 있는 고객을 대상으로 초청 강사와 패널 토론이 있는 이벤트가 진행되기도 한다.

아일린피셔의 매장 직원들은 '가이드'라고 불린다. 그들의 주된 임무는 고객과 관계를 맺고, 회사의 가치를 고객에게 전달하는 것이다. 그들은 모든 사람이 지속가능한 라이프스타일을 실천할 수 있도록 조언과 제안을 제공한다. 아일린피셔는 우리에게 '의류 낭비 없는' 업사이클링 친환경 전략이 매우

"고객 만족은 시간을 초월하는 유일한 성공 전략이다."

마무리하며

소매업은 죽지 않았다. 이는 온라인과 오프라인 소매업에 모두 해당하는 말이다. 하지만 미래에는 어떨까? 코로나19 위기로 인한 디지털화가 가속되는 요즘, 오프라인 소매업은 어떤 발전 양상을 띠고 있는가?

조만간 모든 고객은 매장에서 언제 어디서나 물건의 위치를 찾을 수 있게 될 것이다. 이를 통해 소비자는 완전히 개인화된 쇼핑 경험을 즐길 수 있게 된다. 반복되고 재미없는 작업을 생략할 수 있도록, 편리성을 위한 각종 서비스는 분명 계속해서 확대될 것이다. 곧 식료품과 세제까지도 자동으로 구매되고 배송되는 날이 오지 않을까?

빠르고 즉각적인 쇼핑 경험을 위해서는 창고의 네트워크화가 필요하다. 온라인 및 오프라인 매장은 전 세계의 모든 소매업체, 나아가 모든 고객에게까지 접근할 수 있게 될 것이다. 결제 과정은 곧 과거의 일이 될지도 모른다. 머지않아 모든 오프라인 매장이 '제3의 장소', 즉 직장과 집 외에 사람들이 모이고, 쉬고, 체험할 수 있는 '중간 장소'로 기능하게 될 수도 있다.

이런 시나리오 중 일부는 이미 현실이 되고 있다. 그런데 고객이 내일 무엇을 원할지를 오늘 어떻게 알 수 있을까? 소매업에 닥친 상황에 대한 해결책을 찾기 위해 가장 빨리 준비해야 할 기술적인 혁신은 무엇일까?

발전하는 트렌드에 따르고, 항상 새로운 것에 열려 있는 태도를 가지라. 정확한 예측을 위해 정보와 데이터를 분석하라. 결국, 데이터는 소매업에서 가장 결정적인 성공 요인 중 하나가 될 것이다.

고객에게 매장에서 좋았던 점과 개선해야 할 점을 물어보라. 고객은 무엇을 더 필요로 하는가? 이런 약점들은 오히려 기회의 창을 열어줄 수 있다. 창의적이고 혁신적인 방법으로 고객에게 맞춘, 나아가 고객 개개인에게 맞춤화된 전략을 개발하라.

이 모든 과정에서 항상 염두에 두어야 할 한 가지가 있다. 내일의 새로운 전략은 모레가 오는 순간 이미 어제의 전략이 된다는 것이다.

그러나 고객 만족은 시간을 초월하는 유일한 성공 전략이다.

마티아스 슈판크

ACKNOWLEDGEMENTS

이 책이 나오기까지 지지해주신 모든 분께 감사드립니다. 당신들로부터 비평과 영감, 인내심을 얻을 수 있었기에 전문적으로, 개인적으로 책을 써내는 과정이 풍요로웠습니다.

카이 카우프만 박사님과 함께 일할 수 있었던 것은 엄청난 행운이었습니다. 일반적인 강연자로서의 역할을 한참 뛰어넘어 아낌없이 도와주셨습니다.

산디 스니블리와 론 단젤로는 이 책의 핵심 주제를 살릴 수 있도록 엄청난 전문 지식을 제공했습니다. 지칠 줄 모르는 열정으로, 더 적합한 논점에 도달하기까지 저의 스파링 파트너가 되어주었습니다. 책을 훌륭하게 디자인해준 파스칼 히벨링에게도 특별한 감사를 드립니다.

빅아이디어스 비주얼 머천다이징 BIG IDEAS Visual Merchandising 팀과 빅커리어스 리테일 리크루트먼트 BIG CAREERS Retail Recruitment 팀은 그들의 일상 업무에서 저를 완벽하게 지원해주었습니다. 덕분에 제가 이 프로젝트에 전념할 수 있었습니다. 프로젝트에서 문제가 발생할 때마다, 제라드 비그눌리는 언제나 기꺼이 들어주고 조언을 해주었습니다.

마지막으로 이 책에서 다룬 기업과 거기서 일하며 제게 도움을 주신 모든 분께도 감사드립니다.

7-Eleven | Sandor Timar (Seven & i Holdings), Yuki Oda (Seven & i Holdings)

7FRESH | Yuchuan Wang (JD.com)

ALBERT HEIJN | Maarten van Tart wijk (Ahold Dell haize)

AMAZON | Laura Gunning

AMERICAN GIRL | Susan A. Jevens

APPLE | Martin Kuderna (Prfection), PR-Team (Prfection)

AUDI | Susanne Herr, Susanne Killian

B8TA | Brooke Flohr (Bevel PR)

BA&SH | Irene Yuan

BARCLAYS | Eliot Goward

BOTTLETOP | Jessica Jurkschat

CANADA GOOSE | Tobias Woischke

CAPITAL ONE | Devin Short, Laura Di Lello

CHARLOTTE TILBURY | Amy Nichols, Katie Dobson

DUER PERFORMANCE | Chanel Pel

EILEEN FISHER | Maya Carmosino

EKOPLAZA | Diana van den Boomen (UDEA), Steven Ijzerman (UDEA)

H&M | H&M PR-Team

HSBC | Matt Klein

IKEA | Joshua Gbadebo (Hope&Glory PR), Kim Steuerwald

JELMOLI | David Blomerus (Eliane Bachenheimer PR/EBPR), David Zalud (Eliane Bachenheimer PR/EBPR)

JOHN LEWIS & PARTNERS | Rachael Brown

KOHL'S | Melanie Reynolds

LINE FRIENDS | Lena Han, Mina Park (Daniel J. Edelman Holdings, Inc.)

LOWE'S | Alice Lee y, Gretchen Lopez

MACY'S | Christine Olver Nealon, Julie Strider

MARKS & SPENCER | Emma Brown

MUJI | Anne Robinson (Camron PR Ltd), Helen Cow dry (Camron PR Ltd)

NIKE | Anne Eikenboom (Spice PR)

ORIGINAL UNVERPACKT | Ria Schäfli

PEPE JEANS | Marta Díaz-Mauriño

SAMSUNG | Isabel Suditsch (Ketchum Pleon GmbH)

SONOS | Breanna Wilson (Daniel J. Edelman Holdings, Inc.), Jenisse Curry

TARGET | Jacqueline De Buse

THE NORTH FACE | Michaela Hardy

UNIQLO | Gary Conway (Fast Retailing)

WALMART | Ragan Dickens

PHOTO CREDITS

경력 25년 이상의 소매업 및 비주얼 머천다이징 전문가인 마티아스 슈판크는 전 세계 주요 소매업체의 브랜드 경험 형성에 도움을 제공해왔다. 그의 전문 지식은 100개가 넘는 주요 기업의 매장 내 브랜드 경험을 위한 성공적인 전략의 개발 및 구현을 다룬다.

마티아스 슈판크는 유럽에서 시작하여 톰 테일러Tom Tailor, 치보 Tchibo, 탤리 웨일Tally Weijl과 같은 체인점의 비주얼 머천다이징 글로벌 책임자로 일했다. 2009년부터는 소매 컨설턴트 및 크리에이티브 디렉터로 일하며 국제적으로 유명한 브랜드를 지원했다. 세계 최대 백화점 체인 중 하나인 메이시스Macy's Inc.가 슈판크에게 비주얼 머천다이징의 크리에이티브 디렉터 부사장 자리를 제안했고, 뉴욕으로 옮겨 미국 내 모든 메이시스 매장의 비주얼 콘셉트

를 담당했다.

2017년 백화점 체인을 떠나 풀서비스 에이전시인 '빅아이디 비주얼 머천다이징BIG IDEAS Visual Merchandising'을 설립했 유럽과 미국에 사무실을 두고 최고경영자를 지냈다. 슈판크의 략적 리더십은 각 브랜드에 정확하게 들어맞는 창의적이고 혁 인 해결책에 대한 열정에서 비롯된다.

그는 오프라인 소매업 및 비주얼 머천다이징 분야의 전문가로 정기적으로 소매 트렌드 및 소매 경험에 대한 프레젠테이션 및 크숍을 이끌고 있다. 이 책을 비롯해 3권의 관련 서적을 집필했 며, 잡지에 많은 글을 발표하고 있다.

빅아이디어스 비주얼 머천다이징

빅아이디어스 비주얼 머천다이징은 국제 소매업 및 비주얼 머천다이징 전문가 팀의 지원을 받는 풀서비스 에이전시다. 전 세계 소매업체에게 전략 개발부터 디자인, 생산, 글로벌 발표회에 이르기까지 모든 서비스를 제공한다. 최종 고객에게는 잊을 수 없는 브랜드 경험을 제공하면서, 클라이언트의 매출을 크게 성장시키는 것을 근본적인 목표로 삼는다. 빅아이디어스는 유럽과 미국에 지사를 두고 있으며, 다양한 유명 글로벌 브랜드에 서비스를 제공한다.

빅아이디어스는 소매 컨설팅 서비스의 틀 안에서, 판매 시점에 완벽한 고객 경험을 제공하기 위한 조언과 지원이 전문 분야다. 쇼윈도 디스플레이와 매장 내부 콘셉트는 물론, 생산과 글로벌 배송까지 도맡아 창의적인 방향을 설계한다. 또한 이 콘셉트를 판매 과정 전반에 최적의 방식으로 전달하기 위한 비주얼 머천다이징 지침을 개발한다. 요청에 따라 가상현실 기술도 이용할 수 있다.

빅아이디어스의 글로벌 팀은 브랜드의 성공과 시각화를 동시에 다루는 각 지역별 비주얼 머천다이징 전문가들로 구성되어 있다. 이를 기반으로 프레젠테이션, 워크숍 교육을 열고 콘퍼런스 및 기업 행사 참가자들에게 최신 트렌드와 영감을 제공한다. 소매업 트렌드, 소매 경험, 비주얼 머천다이징과 같은 주제에 대한 노하우를 공유한다.

Web: www.big-ideas.com
Email: info@big-ideas.com

빅커리어스 리테일 리크루트먼트

빅커리어스BIG CAREERS는 경영, 크리에이티브, 영업 등의 분야에서 일하는 소매업 전문가 채용에 특화된 에이전시다. 소매업계의 전문 지식을 바탕으로 완벽한 후보자를 찾는 과정을 지원한다.

빅커리어스의 채용 전문가들은 주요 브랜드, 국제 소매업체 및 공급업체와 협력하여 풀타임이나 계약직의 형태로 전문가를 연결한다. 럭셔리, 패션, 리테일, 뷰티, 라이프 스타일, 크리에이티브 산업의 글로벌 기업과 거래를 맺고 있으며 비주얼 머천다이징 전문가, 매장 관리자, 지역 담당 매니저, 세일즈 디렉터 등 적합한 인재를 연결해 준다. 빅커리어스가 귀사의 브랜드를 어떻게 최고의 전문가들과 연결할 수 있는지 알고 싶으면 주저 말고 연락을 부탁드린다.

Web: www.big-careers.com
Email: hello@big-careers.com

오프라인은 죽지 않았다

초판 인쇄   2021년 5월 31일
초판 발행   2021년 6월 14일

지은이   마티아스 슈판크
옮긴이   박하람
펴낸이   강성민
편집장   이은혜
마케팅   정민호 김도윤 최원석
홍보   김희숙 김상만 함유지 김현지 이소정 이미희 박지원

펴낸곳   (주)글항아리 | 출판등록 2009년 1월 19일 제406-2009-000002호
주소   10881 경기도 파주시 회동길 210
전자우편   bookpot@hanmail.net
전화번호   031-955-2696(마케팅) 031-955-2682(편집부)
팩스   031-955-2557

ISBN   978-89-6735-904-1   03320

잘못된 책은 구입하신 서점에서 교환해드립니다.
기타 교환 문의 031-955-2661, 3580

geulhangari.com